채근담

채근담

한자 없는 한자공부 시리즈 1

ⓒ 조병호, 2022

초판 1쇄 발행 2022년 7월 20일
　　　2쇄 발행 2022년 10월 15일

지은이　　홍자성
옮긴이　　조병호
펴낸이　　이기봉
편집　　　좋은땅 편집팀
펴낸곳　　도서출판 좋은땅
주소　　　서울특별시 마포구 양화로12길 26 지월드빌딩 (서교동 395-7)
전화　　　02)374-8616~7
팩스　　　02)374-8614
이메일　　gworldbook@naver.com
홈페이지　www.g-world.co.kr

ISBN　979-11-388-0926-9 (14710)
　　　　979-11-388-0925-2 (세트)

한자 없는 한자공부 시리즈1

채근담

홍자성 저 | 조병호 역

좋은 책은 성독(소리 성, 읽을 독)으로
재독(다시 재, 읽을 독)하시는 걸 추천드립니다.

좋은땅

막내아이가 6살쯤이었습니다. 아이는 유달리 한자 공부하는 것을 좋아했습니다. '하늘 천, 땅 지, 검을 현, 누를 황…….' 이렇게 천자문을 읊조리는 것을 좋아했습니다. 몇 달 후 아이는 한자 학원을 다니고 싶다 말했고, 집 근처 학원을 보냈습니다. 그런데 채 한 달이 지나기도 전에 막내는 학원을 그만두었습니다. 너무 힘들다고 하더군요. 한자에 관심을 보이지 않게 되었습니다.

"한자 배우는 걸 좋아하지 않았었니?"

"네, 예전엔 한자를 좋아했어요. 그런데, 한자를 쓰고 외우는 게 너무 힘들어요."

아차 싶었습니다. 막내는 한자를 좋아하는 게 아니고, 한글이 가진 뜻을 알아가는 걸 좋아했던 것이었습니다. 즉, 手(손 수), 數(셀 수),

秀(빼어날 수)라는 한자들을 좋아했던 게 아니고, '수'라는 한글이 손이나, 빼어나다는 뜻을 가지고 있다고 알아가는 게 재미있었던 것입니다. 저의 착각이었습니다.

한자를 많이 알아야 국어 실력이 증진된다는 것은 대한민국 국민이라면 누구나 알고 있습니다. 그래서 한자 쓰기 공부를 많이 하고, 아이들에게도 많이 권유합니다. 하지만, 교육부에서 추천하는 한자만 해도 1800자인데, 그 많은 한자 쓰기를 외우기란 쉽지 않습니다. 요즘 들어서는 한자어를 한글로 쓸 뿐, 한자를 직접 쓰지는 않습니다.

캐나다에서 보낸 안식년을 전후하여, 제 아이들의 국어 실력 증진을 위해, 그리고 북미에 거주하고 있는 한인 자녀들을 위해, 그리고 한글을 배우고 싶어하는 외국인들을 위해, 음훈 위주의 한자 공부책을 찾으려 백방으로 노력했지만, 찾을 수 없었습니다. 그래서 '한자 없는 한자 공부'를 직접 만들어보리라 생각했고, 제가 좋아하는 책 중 하나인 『채근담』을 번역하기 시작하였습니다. 그리고, 아이들이 한자 쓰기를 배우기에 앞서 국어에 많은 부분을 차지하고 있는 한자어에 익숙해지기를 바라는 마음으로 엮어 보았습니다.

『채근담』은 중국 명나라 말기, 홍자성이 쓴 책입니다. 유교, 불교, 도교의 사상이 담긴 교훈적인 글을 모은 책이며, 마치 서양의 탈무드처럼 사람이 지혜로운 삶을 살도록 가르쳐 주는 책입니다. 『채근담』

이라는 책이 아이들이 이해하기엔 벅찬 내용입니다만, 시간이 흘러서라도 여러 번 꺼내어 읽고 싶은 책이 되면 좋겠다는 것이 개인적인 바람입니다.

글을 쓸 때, 한자 자체는 본문에 넣지 않았습니다. 대신 한자 공부를 위해 한자어를 많이 사용하였습니다. 처음에는 아이들이 어려워할 수도 있지만, 스스로 깨치며 배울 수 있도록 도와주시길 바랍니다.

책은 성독(소리 성, 읽을 독)으로 재독(다시 재, 읽을 독)하시는걸 추천드립니다.

채근담이라는 책이 난해함에도 불구하고, 저와 같이 공부해준 믿음직한 자녀 조영빈, 조영인, 조영우와 물심양면으로 도와준 사랑하는 아내 박은영에게 감사를 표합니다.

1.

도덕(길 도, 클 덕)을 지키는 자는 일시(한 일, 때 시)에는 적막(고요할 적, 고요할 막)하나, 권세(저울추 권, 형세 세)에 아부(언덕 아, 붙을 부)하는 자는 만고(일만 만, 옛 고)에 처량(쓸쓸할 처, 서늘할 량)하다. 달인(통달할 달, 사람 인)은 물욕(물건 물, 욕심 욕)에서 벗어나 진리(참 진, 다스릴 리)를 보고, 몸이 죽은 후(뒤 후)의 명예(이름 명, 기릴 예)를 생각하나니, 차라리 한때 적막할지언정, 만고에 처량하지 말라.

2.

사람들과 관계(관계할 관, 맺을 계)를 덜 맺으면 적게 더러워질 것이고, 세상(인간 세, 윗 상)의 일에 경험(지날 경, 시험 험)이 깊으면, 잔재주가 늘 것이다. 그러므로 군자(임금 군, 놈 자)는 능수능란(능할 능, 손 수, 빛날 란)한 것보다 소박(본디 소, 순박할 박)한 것이 낫고, 지나친 것보다 소탈(소통할 소, 벗을 탈)한 것이 낫다.

3.

군자의 마음은 하늘처럼 푸르고 태양(클 태, 볕 양)처럼 밝게 하여 다른 사람들이 알 수 있게 해야 하고, 군자의 재주는 바위 속 깊게 감춰져 있는 옥(구슬 옥)이나 바다 깊게 잠겨 있는 구슬과 같게 하여 남이 쉽게 알지 못하게 해야 한다.

4.

사람들은 권세(권세 권, 형세 세)나 부귀(부유할 부, 귀할 귀)를 가까이 하지 않는 이를 고결(높을 고, 깨끗할 결)하다 하나, 가까이하더라도 물들지 않는 이가 더욱 고결하며, 사람들은 권모술수(권세 권, 꾀 모, 재주 술, 셈 수)를 모르는 이를 높다 하나, 알아도 쓰지 않는 이가 더욱 높다.

5.

귀에 거슬리는 말이 들리고, 마음에 맞지 않는 일이 생긴다면, 이는 덕(덕 덕/클 덕)을 증진(더할 중, 나아갈 진)시키고 행동(다닐 행, 움직일 동)을 닦는 숫돌이 될 것이다. 그러나 만약(일만 만, 같을 약) 들리는 말마다 귀를 즐겁게 하고, 하는 일마다 자신(스스로 자, 몸 신)의 마음에만 맞게 잘된다면, 이것은 자신의 일생(한 일, 날 생)을 짐독(짐새 짐, 독 독) 속에 파묻는 것이다.

6.

폭풍우(사나울 폭, 바람 풍, 비 우)가 몰아치는 날씨에는 짐승이나 새도 근심(삼가할 근, 마음 심)하고, 화창(화할 화, 화창할 창)한 날씨와 상쾌(시원할 상, 유쾌할 쾌)한 바람에는 초목(풀 초, 나무 목)도 기뻐하니, 천지(하늘 천, 땅 지)에는 하루도 화기(화할 화, 기운 기)가 없어서는 안 되고, 사람의 마음에는 하루라도 기쁨이 없어서는 안 된다.

7.

진한 술과 기름진 고기, 맵고 단맛이 참맛은 아니니 참맛은 다만 담백(맑을 담, 흰 백)할 뿐이다. 신기(귀신 신, 기특할 기)한 능력(능할 능, 힘 력)이 있고, 특별(특별할 특, 나눌 별)한 재능(재주 재, 능할 능)을 보이는 사람이라고 해서 세상일에 통달(통할 통, 통달할 달)한 사람은 아니니, 진실(참 진, 열매 실)로 세상(세상 세, 윗 상)일에 통달한 사람의 말과 행동(행할 행, 움직일 동)은 다만 평범(평평할 평, 무릇 범)할 뿐이다.

8.

천지(하늘 천, 땅 지)는 고요하여 움직이지 않는 것처럼 보이나 천지의 활동(살 활, 움직일 동)은 조금도 멈춤이 없으며, 해와 달은 밤낮으로 분주(달릴 분, 달릴 주)하게 움직이나 그 밝은 빛은 만고(일만 만, 옛 고)에 변하지 않는다. 그러므로 군자(임금 군, 놈 자)는 한가(한가할 한, 틈 가)할 때 마음의 긴장(긴할 긴/팽팽할 긴, 베풀 장)을 놓지 말아야 하고, 분주할 때 여유(남을 여, 넉넉할 유) 있는 마음을 지녀야 한다.

9.

깊은 밤 인적(사람 인, 발자취 적)이 고요할 때 홀로 앉아 자신(스스로 자, 몸 신)의 마음을 관찰(볼 관, 살필 찰)해 보면, 비로소 허망(빌 허, 망령될 망)한 생각이 모두 사라지고 참된 마음이 나타나는 것을 깨닫게 되니, 이 속에서 진리(참 진, 다스릴 리)를 얻게 된다. 참된 마음이 나타났는데도, 허망한 생각이 사라지지 않는다면, 이 가운데에서 깊이 수치(부끄러울 수, 부끄러울 치)스러움을 느끼게 될 것이다.

10.

은총(은혜 은, 사랑할 총)을 받는 와중(소용돌이 와, 가운데 중)에 재앙(재앙 재, 재앙 앙)이 생기니, 고(말미암을 고)로 유쾌(즐거울 유, 쾌할 쾌)한 기분(기운 기, 나눌 분)이 들 때 고개를 돌려 주변(두루 주, 가장자리 변)을 살펴야 한다. 실패(잃을 실, 패할 패)한 뒤에는 오히려 성공(이룰 성, 공 공)에 다다를 수 있으니, 뜻대로 되지 않는다고 해서 무작정(없을 무, 가릴 작/술부을 작, 정할 정) 포기해서는 안 된다.

11.

거친 음식(마실 음, 밥 식)으로 배를 채우는 자(놈 자) 중(가운데 중)에는 얼음같이 맑고, 구슬같이 깨끗한 사람이 많지만, 비단(비단 비, 비단 단)옷을 입고, 쌀밥을 먹는 자 중에는 시종(모실 시, 좇을 종) 시늉을 하는 것도 당연(마땅할 당, 그러할 연)하게 여긴다. 그러므로 사람의 마음은 담박(맑을 담, 머무를 박/배댈 박)해야 맑아지고, 물욕(물건 물, 욕심 욕)을 탐(탐낼 탐)하면 절개(마디 절/예절 절, 대부분 개)를 잃게 된다.

12.

살아 있을 시(때 시)에는 마음을 활짝 열고, 사람들에게 너그럽게 대하여 불평(아니 불, 평평할 평)을 듣지 않게 해야 하고, 죽어서는 은혜(은혜 은, 은혜 혜)가 오랫동안 이어지게 하여 부족(아니 부, 족할 족/발 족)했다는 생각이 없게 해야 한다.

13.

좁은 길에서는 한 걸음 양보(사양할 양, 걸음 보)하여 상대방(서로 상, 대할 대, 모 방/방향 방)이 먼저 가도록 비켜 주고, 맛 좋은 음식(마실 음, 밥 식)은 조금 덜어 남에게 양보하라. 이것이 곧 세상(세상 세, 윗 상)을 편안(편할 편, 편할 안)하고 행복(다행 행, 복 복)하게 살아가는 가장 좋은 방법(모 방/방향 방, 법 법)이다.

14.

사람이 특별(특별할 특, 나눌 별)히 고상(높을 고, 오히려 상)하고 원대(멀 원, 클 대)한 일을 하지 못했더라도 세속적(세상 세/인간 세, 풍속 속, 과녁 적)인 마음이 없으면, 명망(이름 명, 바랄 망)이 높은 선비의 반열(나눌 반, 벌일 열)에 들은 것과 같다. 학문(배울 학, 물을 문)을 하는 데 있어, 남과 다르게 높은 학식(배울 학, 알 식)을 쌓지는 못했다 하더라도, 물욕(물건 물, 욕심 욕)의 속박(묶을 속, 얽을 박)을 덜어 없애면 곧 성인(성스러울 성, 사람 인)의 경지(지경 경/경계 경, 땅 지)에 이른 것과 같다.

15.

친구(친할 친, 옛 구)를 사귈 때는 서로 도우려는 마음을 꼭 가져야 하고, 사람답게 살기 위해서는 순수(순수할 순, 순수할 수)한 마음을 지녀야 한다.

16.

이익(이로울 이, 더할 익)을 다툴 때는 다른 사람보다 앞서지 말고, 덕(덕 덕)을 쌓을 때는 남에게 뒤처지지 말라. 복(복 복)을 받을 때는 분수(나눌 분, 셈 수)에 넘게 받지 말고, 자신(스스로 자, 몸 신)을 수양(닦을 수, 기를 양)할 때는 분수에 넘치게 하라.

17.

인생(사람 인, 날 생)을 살아갈 때는 한 걸음 양보(사양할 양, 걸음 보)하는 것이 좋으니, 그것은 곧 한 걸음 양보하는 것이 한 걸음 나아가는 것이기 때문이다. 사람을 대할 때는 관대(너그러울 관, 클 대)한 것이 좋으니, 그것은 곧 남을 이롭게 하는 것이 나를 이롭게 하는 것이기 때문이다.

18.

세상을 뒤흔드는 공로(업적 공, 일할 로)도 그것을 자랑한다면 공중(빌 공, 가운데 중)으로 흩어져 버리고, 하늘을 찌르는 듯한 과오(지날 과, 그르칠 오)도 그것을 뉘우친다면 공중으로 흩어져 버린다.

19.

찬란(빛날 찬, 빛날 란)한 명예(이름 명, 기릴 예)와 공로(업적 공, 일할 로)는 혼자 독차지 하지 마라. 조금은 남과 나누어야 위해(위태할 위, 해할 해)를 멀리 하여 몸을 보존(지킬 보, 있을 존)할 수 있다. 욕된 행실(다닐 행, 열매 실)과 이름을 더럽히는 일을 모두 남의 탓으로 돌리지 말라. 조금은 나의 책임(꾸짖을 책, 맡길 임)으로 돌려야 덕(덕 덕)을 쌓을 수 있다.

20.

모든 일에 여유(남을 여, 넉넉할 유)를 갖고 여지(남을 여, 땅 지)를 둔다면, 조물주(지을 조, 물건 물, 주인 주)도 나를 해하지 못할 것이며, 귀신(귀신 귀, 귀신 신)도 나를 해(해할 해)하지 못할 것이다. 만약(일만 만, 같을 약) 하는 사업(일 사, 업 업)마다 기필코 성공(이룰 성, 공 공)하길 바라고, 기필코 이득(이로울 이/이로울 리, 얻을 득)이 가득하길 바란다면, 안에서 변고(변할 변, 연고 고)가 없다 하더라도, 반드시 밖에서라도 근심(삼가할 근, 살필 심)이 생길 것이다.

21.

가정(집 가, 뜰 정)과 일상(날 일, 항상 상/떳떳할 상)생활(날 생, 살 활) 안에 진실(참 진, 열매 실)한 도리(길 도, 다스릴 리)가 있으니, 가정에서는 정성(정할 정, 정성 성)스러운 마음과 화평(화할 화, 평평할 평)한 기운(기운 기, 옮길 운)으로 얼굴빛을 화사(빛날 화, 사치할 사)하게 하고, 말씨를 부드럽게 하여, 부모(아비 부, 어미 모)와 형제(형 형, 아우 제)가 서로 화합(화할 화, 합할 합)하고, 거기에 뜻까지 서로 통(통할 통)한다면, 참선(참여할 참, 선 선)이나 도(길 도)를 닦는 것보다 만 배는 낫다.

22.

활동적(살 활, 움직일 동, 과녁 적)인 사람은 구름 속의 번개나 하늘에 있는 풍등(바람 풍, 등 등)과 같고, 고요한 사람은 불 꺼진 재나 마른 나뭇가지와 같다. 사람은 멈춰 있는 구름과 잔잔한 물과 같은 곳에서도 솔개가 날고 물고기가 헤엄치는 듯한 기상(기운 기, 모양 상)이 있어야 하는데, 이것이 바로 도(길 도)를 터득한 사람의 마음이다.

23.

타인(다를 타, 사람 인)의 허물을 꾸짖을 때는 너무 엄(엄할 엄)하게 하지 말라. 그가 수용(받을 수, 얼굴 용)할 수 있을지 생각해 보아야 한다. 사람을 선(선할 선)하게 가르치되 너무 고상(높을 고, 오히려 상)하게 하지 말라. 그 사람이 들어서 따를 수 있는 정도(한도 정, 법도 도)로 해야 한다.

24.

굼벵이는 지극히 더러운 벌레지만 이것이 변하여 매미가 되어 추풍(가을 추, 바람 풍)에 이슬을 마신다. 썩은 풀에서는 아무런 빛이 나지 않지만 여기서 반딧불이 나와 여름밤 달 아래에서 광채(빛 광, 채색 채)를 낸다. 깨끗함이란 항상 더러운 것에서 나오며, 밝음이란 항상 어두운 곳에서 나옴을 알아야 한다.

25.

뽐내고 오만(거만할 오, 거만할 만)한 것 중에 객기(손님 객, 기운 기)가 아닌 것이 없으니 객기를 물리친 뒤에야 정심(바를 정, 마음 심)이 자랄 수 있다. 욕망(하고자할 욕, 바랄 망)과 사사로운 탐닉(즐길 탐, 빠질 닉/빠질 익)은 모두가 망상(망령될 망, 생각 상)이므로 이런 마음을 물리친 뒤에야 진심(참 진, 마음 심)이 나타나게 된다.

26.

포식(배부를 포, 밥 식)한 후에 음식(마실 음, 밥 식)을 생각하면, 맛이 있고 없음을 구별(구분할 구, 나눌 별)하지 못한다. 일이 끝난 뒤에 뉘우칠 만한 것들을 미리 생각하여, 일이 시작(비로소 시, 지을 작)하기 전에 미리 해결(풀 해, 결단할 결)한다면, 본성(근본 본, 성품 성)이 바로 잡혀서 언제나 바르게 행동(다닐 행, 움직일 동)하게 될 것이다.

27.

고위(높을 고, 자리 위) 관직(벼슬 관, 직분 직)에 있을지라도, 언제나 산림(메산, 수풀 림)에 묻혀 살듯이 살아야 하고, 산림에 묻혀 살더라도, 언제든 높은 지위(땅 지, 자리 위)에 오를 듯이 살아야 한다.

28.

세상(인간 세, 윗 상)에 처(곳 처)하면서 반드시 공훈(공 공, 공 훈)을 이루겠다고 하지 말라. 과실(지날 과, 잃을 실)이 없는 것이 곧 공훈이니라. 남과 함께 살면서 나의 덕(덕 덕)에 감격(느낄 감, 격할 격)하기를 기대(기약할 기, 기다릴 대)하지 말라. 원망(원망할 원, 바랄 망)이 없는 것이 곧 덕이니라.

29.

부지런한 것이 미덕(아름다울 미, 덕 덕)이긴 하나 지나치면 고생(쓸 고, 날 생)이 되고 성품(성품 성, 물건 품)과 인성(사람 인, 성품 성)을 편안(편할 편, 편안 안)히 할 수 없다. 담박(맑을 담, 머무를 박)함이 높은 풍류(바람 풍, 흐를 류)이긴 하나, 너무 메마르면 사람을 구제(구할 구, 건널 제)하거나 이롭게 할 수 없다.

30.

일이 곤궁(곤할 곤, 다할 궁)에 빠지고 기세(버릴 기, 인간 세)가 꺾인다면 초심(처음 초, 마음 심)으로 돌아가라. 공훈(공 공, 공 훈)을 이루고 성공(이룰 성, 공 공)했다면 일의 말로(끝 말, 길 로)가 어찌될지 심사숙고(깊을 심, 생각 사, 익을 숙, 생각할 고)하라.

31.

부귀(부유할 부, 귀할 귀)한 사람은 너그럽고 후덕(두터울 후, 덕 덕)해야 하는데 오히려 질투(미워할 질, 샘낼 투)를 하고 인색(아낄 인, 아낄 색)하게 군다면, 그것은 부귀하면서도 천(천할 천)하게 행동(다닐 행, 움직일 동)하는 것이므로 어찌 복(복 복)을 누릴 수 있겠는가? 총명(귀 밝을 총, 밝을 명)한 사람은 그 재주를 감추어야 하건만 오히려 드러내 과시(자랑할 과, 보일 시)한다면, 총명하면서도 어둡고 어리석음에 병든 것이니 어찌 실패(잃을 실, 패할 패)하지 않겠는가?

32.

낮은 곳에 있어 본 후(뒤 후)에야 높은 곳에 올라가는 것이 위태(위태할 위, 위태할 태/거의 태)롭다는 것을 알게 되고, 어두운 곳에 있어 본 후에야 밝은 곳으로 나간다는 것이 너무 드러난다는 것을 알게 된다. 조용한 생활(날 생, 살 활)을 해 본 후에야 분주(달릴 분, 달릴 주)하게 움직이기 좋아함이 수고로운 것임을 알게 되고, 침묵(잠길 침, 잠잠할 묵)하는 법을 배운 후에야 수다스러운 것이 시끄러운 줄 알게 된다.

33.

공명(공 공, 이름 명)과 부귀(부유할 부, 귀할 귀)를 갈망(목마를 갈, 바랄 망)하는 마음을 내려놓아야 비로소 속세(풍속 속, 인간 세)에서 벗어날 수 있고, 도덕(길 도, 덕 덕)과 인의(어질 인, 옳을 의)의 마음을 놓아야 비로소 성인(성스러울 성, 사람 인)의 경지(지경 경, 땅 지)에 들어가게 된다.

34.

이익(이로울 이/이로울 리, 더할 익)을 얻으려는 욕심(하고자할 욕, 마음 심)만이 마음을 해(해할 해)하는 것이 아니고, 고집스러운 독단(홀로 독, 끊을 단)이 마음을 해할 수 있다. 욕망(하고자할 욕, 갈망할 망)만이 마음을 가다듬는 데 방해(방해할 방, 해할 해)되는 것이 아니고, 자신(스스로 자, 몸 신)을 총명(귀밝을 총, 밝을 명)하다고 여기는 생각이 마음을 가다듬는 데 방해가 된다.

35.

사람의 마음은 조석(아침 조, 저녁 석)으로 변하며, 그런 속세(풍속 속, 인간 세)는 험난(험할 험, 어려울 난)하다. 그러므로 나가기 힘들 때는 한 걸음 뒤로 물러서야 하고, 쉽게 갈 수 있는 길이 있어도 타인(다를 타, 사람 인)에게 양보(사양할 양, 거를 보)하며 살아야 한다.

36.

아랫사람을 상대(서로 상, 대할 대)함에 있어 엄(엄할 엄)하기는 어렵지 않으나 미워하지 않기는 어려우며, 윗사람을 상대함에 있어 겉으로 공손(공손할 공, 겸손할 손)하기는 어렵지 않으나 안으로 비굴(낮을 비, 굽힐 굴)하지 않으며 예의(예절 예, 거동 의)를 갖추기는 쉽지 않다.

37.

총명(귀밝을 총, 밝을 명)하기보다는 차라리 소박(본디 소, 순박할 박)하고, 화려(빛날 화, 고울 려)하기보다는 차라리 담백(맑을 담, 흰 백)하여 깨끗한 이름을 온 세상(세상 세, 윗 상)에 알려라.

38.

경지(지경 경, 땅 지)에 이르고 싶거든 먼저 제 마음을 다스릴 줄 알아야 한다. 마음을 다스릴 줄 알면, 모든 나쁜 것들이 스스로 물러난다. 포악(사나울 포, 악할 악)한 마음을 제어(절제할 제, 거느릴 어)하려거든 먼저 마음속의 혈기(피 혈, 기운 기)를 제어하라. 혈기가 평정(평평할 평, 고요할 정)되면, 모든 포악한 마음들이 스스로 물러난다.

39.

자녀(아들 자, 여자 녀/여자 여) 교육(가르칠 교, 기를 육)에 있어서 무엇보다도 출입(날 출, 들 입)을 엄(엄할 엄)하게 하고, 친구(친할 친, 옛 구)를 조심해서 사귀게 해야 한다. 만일 한 번 나쁜 사람과 어울리게 되면, 이것은 마치 깨끗한 밭에 잡초(섞일 잡, 풀 초)의 씨앗을 뿌리는 것과 같아서 한평생(한할 한, 평평할 평, 날 생) 좋은 곡식(곡식 곡, 밥 식)을 얻기가 어려워진다.

40.

욕심(하고자할 욕, 마음 심)에 관한 일이 편리(편할 편, 이로울 리)하다하여 잠시(잠깐 잠, 때 시)라도 손끝에 물들이지 마라. 한 번 손끝에 물들이면 곧 만길 깊은 구렁으로 떨어진다. 도리(길 도, 다스릴 리)에 관한 일은 어려울지라도 뒤쪽으로 조금도 물러서지 말라. 한 번 물러서면 곧 먼 산처럼 멀어진다.

41.

생각이 깊은 자는 스스로에게 후(두터울 후)하고, 남에게도 후하며, 마음이 야박(들 야, 엷을 박)한 사람은 스스로에게 야박하고, 남에게도 야박하다. 군자(임금 군, 사람 자)는 평상시(평평할 평, 항상 상/떳떳할 상, 때 시)에 너무 후하거나 사치(사치할 사, 사치할 치)스러워도 안 되고, 너무 메마르거나 각박(새길 각, 엷을 박)해서도 안 된다.

42.

상대방(서로 상, 대할 대, 방향 방)이 부(부유할 부)를 자랑하면, 나는 나의 인(어질 인)을 자랑할 것이요, 상대방이 벼슬을 자랑하면, 나는 나의 의(옳을 의)를 자랑할 것이다. 그러므로 군자(임금 군, 사람 자)는 벼슬이 높은 사람이나 돈이 많은 사람에게 농락(대바구니 농, 이을 락)당하지 않는다. 사람이 굳게 마음먹으면 운명(옮길 운, 목숨 명)도 이겨 내고, 심지(마음 심, 뜻 지)가 한결같으면 기(기운 기)도 움직인다. 그러므로 군자는 조물주(만들 조, 물건 물, 주인 주/임금 주)가 부여한 운명도 이겨 낸다.

43.

벼슬길에 나설 때는 일보(한 일, 걸음 보) 더 높이 서서 뜻을 세워야 한다. 그렇지 못한다면, 마치 먼지 속에서 옷을 털고, 진흙 속에서 발을 씻는 것과 마찬가지다. 처세(곳 처, 세상 세)를 할 때는 일보 물러서라. 그렇지 못한다면, 불나방이 불로 뛰어들고, 숫양이 뿔로 울타리를 받아 그 뿔이 울타리에 걸리는 것과 같다.

44.

배우는 사람은 정신(정할 정, 정신 신/귀신 신)을 가다듬어 한 곳에 집중(모을 집, 가운데 중)해야 한다. 덕(덕 덕)을 닦으면서 공적(공 공, 길쌈할 적)이나 명예(이름 명, 기릴 예)에 뜻을 두면 반드시 깊은 조예(지을 조, 이를 예)가 없게 되고, 책을 읽으면서 시문(시 시, 글월 문)을 읊조리는데 흥(흥할 흥)을 두면 결국 마음속 깊이 느끼지 못하게 된다.

45.

누구든지 자비(사랑 자, 슬플 비)로운 마음을 지니고 있으니, 높은 도(길 도)를 쌓은 사람과 백정(흰 백, 고무래 정), 망나니의 마음이 다른 마음이 아니며, 어디든지 나름대로의 정취(뜻 정, 뜻 취)가 깃들어 있으니, 화려한 집과 초가(풀 초, 집 가)집이 다른 곳이 아니다. 다만 욕망(욕심 욕, 바랄 망)과 욕정(욕심 욕, 뜻 정)에 가리고 막히면 지금의 작은 실수(잃을 실, 손 수)가 후(뒤 후)에는 상상(생각 상, 모양 상)할 수 없이 크고 나쁜 결과(맺을 결, 실과 과)를 낳게 된다.

46.

도(길 도)를 닦고 덕(덕 덕)을 기르려거든 목석(나무 목, 돌 석)과 같은 마음을 가져야 한다. 한 번만이라도 욕심(하고자할 욕, 마음 심)을 내거나 부러워하는 마음을 가지게 된다면, 저절로 물욕(물건 물, 하고자할 욕)의 세계(세상 세, 지경 계)로 빠져든다. 나라를 다스릴 때는 땅에 흐르는 물과 하늘에 흘러가는 구름 같은 마음을 가져야 한다. 한 번이라도 탐욕(탐할 탐, 욕심 욕)을 내면 저절로 위험(위태할 위, 험할 험)해진다.

47.

선(착할 선)한 사람은 늘 온유(따뜻할 온, 부드러울 유)하고 자상(자세할 자, 자세할 상)해서, 그가 잠을 자더라도 정신(정할 정, 정신 신)까지 온화(따뜻할 온, 화할 화)하다. 악(악할 악)한 사람은 늘 사납고 비뚤어서, 그가 좋은 목소리를 내더라도, 그 안(내 안)에는 칼이 있다.

48.

병(병 병)은 보이지 않는 곳에서부터 시작(비로소 시, 지을 작)되어, 종국(마칠 종, 판 국)에는 표면(겉 표, 낯 면)으로 나타난다. 그러므로 밝은 곳에서 죄(허물 죄)를 짓지 않으려거든, 어두운 곳에서도 죄를 짓지 않아야 한다.

49.

일이 적은 것보다 더한 복(복 복)은 없고, 마음을 쓸 곳이 많은 것보다 더한 화(재앙 화)는 없다. 일에 시달려 본 사람만이 일이 없음이 복된 것을 알고, 마음이 평안(평평할 평, 편안 안)한 사람만이 마음이 복잡(겹칠 복, 섞일 잡)하지 않음이 복된 것임을 안다.

50.

태평(클 태, 평평할 평)한 세상(인간 세, 윗 상)에 살 때는 몸가짐을 방정(모 방, 바를 정)하게 해야 하고, 어지러운 세상에 살 때는 몸가짐을 원만(둥글 원, 찰 만)하게 해야 하며, 평범(평평할 평, 무릇 범)한 세상에서는 몸가짐을 방정하고 원만함을 동시에 해야 한다. 선(선할 선)한 사람을 대할 때는 너그럽게 하여야 하고, 악(악할 악)한 사람을 대할 때는 엄해야 하며, 보통(넓을 보, 통할 통) 사람을 대할 때는 너그러움과 엄함을 같이 사용(하여금 사, 쓸 용)해야 한다.

51.

내가 남에게 베푼 공(공 공)은 생각하지 말아야 하고, 내가 남에게 입힌 잘못은 늘 염두(생각 염/생각 렴, 머리 두)하고 있어야 한다. 남이 내게 준 은혜(은혜 은, 은혜 혜)는 늘 잊지 말아야 하고, 남이 내게 준 원한(원망할 원, 한 한)은 잊어야 한다.

52.

은혜(은혜 은, 은혜 혜)를 베푼 사람이 자신(스스로 자, 몸 신)도 의식(뜻 의, 알 식)하지 않고, 남에게도 내보이지 않는다면, 곡식(곡식 곡, 밥 식) 한 알을 들판에 뿌려, 온 들판이 곡식으로 가득 차는 것과 같고, 남에게 은혜를 베푼 사람이 자신이 베푼 은혜를 따져 보답(갚을 보, 대답할 답)받기를 원(원할 원)한다면, 비록 수많은 재물(재물 재, 물건 물)을 베풀었다 한들 한 치의 공로(공 공, 일할 로/일할 노)도 없는 것과 같다.

53.

사람은 각자(각각 각, 스스로 자) 처(곳 처)한 상황(형상 상, 상황 황)이 달라서 복(복 복)을 많이 받은 이가 있기도 하고, 복을 받지 못한 이가 있기도 한데, 어찌 나만 복을 받을 수 있으랴. 나의 생각이 어느 때는 순리(순할 순, 다스릴 이/다스릴 리)에 맞기도 하지만, 어느 때는 순리에 맞지 않을 수도 있는데, 어찌 다른 사람들의 생각이 모두 순리에 맞기를 바랄 수 있으랴. 나와 남을 서로 비교(견줄 비, 견줄 교)해서 살펴본다면, 이 또한 세상(인간 세, 윗 상) 살아가는 데 좋은 방법(모 방, 법 법)이 될 수 있다.

54.

심지(마음 심, 뜻 지)가 굳어야 글을 읽고 옛것을 익힐 수가 있다. 그렇지 않으면 자기의 욕심(욕심 욕, 마음 심)을 챙기기 위해서 착한 일을 하기도 하고, 자기의 잘못을 덮기 위해서 착한 말을 하게 될 것이다. 이는 곧 적에게 군사(군사 군, 선비 사)를 내주는 것이요, 도적(도둑 도, 도둑 적)에게 양식(양식 양/양식 량, 밥 식)을 내주는 격이다.

55.

사치(사치할 사, 사치할 치)하는 자는 많이 가지고 있으나 늘 곤궁(곤할 곤, 다할 궁)할 것이니, 어찌 가난한 자가 늘 여유(남을 여, 넉넉할 유) 있는 것과 같으랴. 유능(있을 유, 능할 능)한 사람은 늘 수고로우면서도 원망(원망할 원, 바랄 망)하는 소리를 들으니, 어찌 서투른 사람이 한가(한가할 한, 틈 가)로우면서도 자신(스스로 자, 몸 신)의 본성(근본 본, 성품 성)을 온전(편안할 온, 온전 전)히 지키는 것만 하겠는가?

56.

글을 읽어도 성현(성인 성, 어질 현)의 뜻을 모른다면 지필(종이 지, 붓 필)의 종(좇을 종)이 되고, 벼슬자리에 있으면서도 백성(일백 백, 성 성)을 사랑하지 않는다면 의관(옷 의, 갓 관)을 도적(도둑 도, 도둑 적)질하는 것에 불과(아니 불, 지날 과)하고, 학문(배울 학, 물을 문)을 익히면서도 실제(열매 실, 즈음 제) 행동(다닐 행, 움직일 동)을 하지 않으면 말로만 참선(참여할 참, 선 선)하는 것에 불과하고, 사업(일 사, 업 업)을 하면서 사람에게 덕(덕 덕)을 심지 않으면 단지 눈앞의 일시(한 일, 때 시)적인 영화(영화 영, 빛날 화)만 될 뿐이다.

57.

사람마다 마음속에 참된 문장(글월 문, 글 장)이 있는데, 옛사람의 부스러기 글 때문에 밖으로 나타나지 못하고, 사람마다 마음속에 참된 가락이 있는데, 천박(얕을 천, 엷을 박)한 가무(노래 가, 춤출 무) 때문에 모두 묻혀 버린다. 모름지기 공부(장인 공, 지아비 부)하는 자는 외물(바깥 외, 물건 물)을 버리고, 참된 모습을 찾아야만 비로소 올바르게 배울 수 있게 된다.

58.

사람은 괴로운 마음 가운데 기쁨을 얻고, 득의(얻을 득, 뜻 의)의 기쁨 가운데 실의(잃을 실, 뜻 의)의 슬픔을 얻게 된다.

59.

부귀(부유할 부, 귀할 귀)와 명예(이름 명, 기릴 예)가 도덕(길 도, 덕 덕)에서 나온 것이면 산속에 있는 꽃과 같아서, 뿌리와 잎이 자연스럽게 번성(번성할 번, 성할 성)할 것이고, 부귀와 명예가 공명심(공 공, 이름 명, 마음 심)에서 나온 것이면 화분(꽃 화, 동이 분) 속에 있는 꽃과 같아서 자주 흥망(흥할 흥, 망할 망)이 있을 것이다. 부귀와 명예가 권력(권세 권, 힘 력)에서 나온 것이면 화병(꽃 화, 병 병) 속에 있는 꽃과 같아서 뿌리가 없고 금세 시들어 버릴 것이다.

60.

봄이 되어 화창(화할 화, 화창할 창)하면, 꽃은 한층 아름답게 피어나고, 새들은 고운 노래를 지저귄다. 이처럼 사람도 세상(인간 세, 윗 상)에 살면서 두각을 나타내고 부유(부유할 부, 넉넉할 유)하게 살 때는 좋은 말과 좋은 일을 해야 한다. 그렇지 않으면 백년(일백 백, 해 년)을 살더라도 하루를 산 것보다 못 하다.

61.

학문(배울 학, 물을 문)을 하는 자는 항상 신중(삼갈 신, 무거울 중)하게 행동(다닐 행, 움직일 동)해야 하되 활달(소통할 활, 통달할 달)한 멋을 지녀야 한다. 몸가짐을 너무 엄(엄할 엄)하게 하여 지나치게 결백(깨끗할 결, 흰 백)하기만 하면 그는 쌀쌀한 가을의 냉기(찰 냉, 기운 기)만 있을 뿐, 따뜻한 봄의 생기(날 생, 기운 기)는 없어 만물(일만 만, 물건 물)을 자라게 할 수가 없다.

62.

참된 청렴(맑을 청, 청렴할 렴)은 청렴하다는 이름조차 없는 것이니, 명성(이름 명, 소리 성)을 얻으려는 것은 이름을 탐(탐할 탐)하기 때문이다. 큰 재주는 별달리 교묘(공교할 교, 묘할 묘)한 재주가 없는 것과 일맥상통(한 일, 줄기 맥, 서로 상, 통할 통)하는 것이니, 재주를 쓰는 것은 곧 졸렬(옹졸할 졸, 못할 렬/못할 열)하기 때문이다.

63.

가득 차면 엎어지는 계영배(경계할 계, 찰 영, 잔 배)라는 그릇처럼, 또 가득 차면 깨지는 저금통(쌓을 저, 쇠 금, 대통 통)처럼, 군자(임금 군, 사람 자)는 욕심(하고자할 욕, 마음 심)을 부려 가득한 상태(형상 상, 모습 태)에 있기보다 욕심을 없애고 모자라는 상태에 머무르려고 하고, 차라리 부족(아닐 부, 족할 족)한 곳에 있을지언정, 완전(완전할 완, 온전할 전)한 곳에 있으려 하지 않는다.

64.

명리(이름 명, 이로울 리)를 탐(탐할 탐)하는 마음을 없애지 못한 사람은, 비록 왕을 부러워하지 않고 한 표주박의 물로도 만족(찰 만, 발 족)할지라도 사실(일 사, 열매 실)은 세속(인간 세, 풍속 속)의 욕망(욕심 욕, 바랄 망)을 버리지 못한 것과 같다. 쓸데없는 객기(손 객, 기운 기)를 없애지 못한 사람은, 은덕(은혜 은, 클 덕)을 사방(녁 사, 방위 방)에 베풀고 만세(일만 만, 인간 세)에 이익(이로울 이, 더할 익)을 전할지라도 실상(열매 실, 형상 상)은 쓸데없는 잔재주에 불과(아니 불, 지나칠 과)하다.

65.

마음의 본성(근본 본, 성품 성)이 밝으면 어두운 방 안에서도 푸른 하늘을 볼 수 있고, 마음의 본성이 어두우면, 밝은 대낮에도 무서운 귀신(귀신 귀, 귀신 신)이 나타난다.

66.

사람들은 높은 명성(이름 명, 소리 성)과 높은 지위(땅 지, 자리 위)를 얻는 것이 즐거움이라고 생각하지만, 이름 없이 권력(권세 권, 힘 력) 없이 홀가분하게 사는 것이 진정한 즐거움인 줄은 모른다. 사람들은 굶주리고 추운 것만이 근심(삼가할 근, 살필 심)이라고 생각하지만, 굶주리지 않고, 춥지 않은 근심이 진짜 근심임을 알지 못한다.

67.

악(악할 악/미워할 오)한 일을 행(다닐 행)하면서도 남이 알까 봐 무서워하는 것은 그 마음속에 아직 선(착할 선)함이 남아 있기 때문이다. 선한 일을 행하면서도 남들이 몰라줄까 봐 걱정하는 것은 그 마음속에 아직 악함이 남아 있기 때문이다.

68.

하늘의 조화(지을 조, 될 화)는 변화무쌍(변할 변, 될 화, 없을 무, 두 쌍)하다. 어느 때는 운(운세 운)을 없게도 하고, 어느 때는 행운(다행 행, 운세 운/옮길 운)이 따르게 하기도 하니, 아무리 뛰어난 사람이더라도 흥망성쇠(일어날 흥, 망할 망, 성할 성, 쇠퇴할 쇠)가 있기 마련이다. 군자(임금 군, 사람 자)는 천운(하늘 천, 운세 운)이 오지 않더라도 순응(순할 순, 응할 응)하여 받아들이고, 일이 잘 풀릴 때도 위태(위태할 위, 거의 태)로움을 준비(준할 준, 갖출 비)하고 경계(깨우칠 경, 경계할 계)하니 하늘도 군자를 어찌할 수가 없다.

69.

성미(성품 성, 맛 미)가 조급(조급할 조, 급할 급)한 자는 불과 같아서 무엇이 든지 만나면 다 태워 버리며, 냉정(찰 냉, 뜻 정)한 자는 얼음과 같아서 닥치는 대로 다 죽이며, 융통성(녹을 융, 통할 통, 성품 성)이 없고 고집(굳을 고, 잡을 집)이 센 자는 흐르지 않는 물이나 썩은 고목(마를 고, 나무 목)과 같아 생기(날 생, 기운 기)가 없나니. 이들은 모두 사업(일 사, 업 업)에 성공(이룰 성, 공 공)하지 못하고, 복(복 복)도 누리기 힘들다.

70.

복(복 복)은 억지로 부르기 힘드니, 기뻐하는 마음을 길러 복을 부르는 근본(뿌리 근, 근본 본)으로 삼고, 화(재앙 화)는 피할 수가 없는 것이니, 마음속의 살기(죽일 살, 기운 기)를 버림으로 해서 화를 멀리해야 한다.

71.

열 마디 말을 함에 있어서 아홉 마디가 맞을지라도 한마디가 맞지 않
으면 비난(아닐 비, 어려울 난)의 목소리가 높다. 열 가지 일 가운데 아홉
가지를 이루고 한 가지 일을 실패(잃을 실, 패할 패)했다 할지라도 엄청난
손가락질 당한다. 그러므로 군자(임금 군, 사람 자)는 입을 다물지언정 떠
들지 말아야 하고, 모르는 척하고 아는 체하지 않는 것이 낫다.

72.

천지(하늘 천, 땅 지)의 기운(기운 기, 기운 운)이 따뜻하면 만물(일만 만, 물건
물)이 소생(되살아날 소, 날 생)하고, 차가우면 만물이 시들어 죽게 된다.
그러므로 성질(성품 성, 바탕 질)이 지나치게 맑고 차가운 자는 받아서 누
림도 박하다. 오직 따뜻한 마음을 가진 사람이 그 복(복 복)의 누림도
두텁고 은택(은혜 은, 못 택)도 오래간다.

73.

하늘의 이치(다스릴 리/이, 이를 치)에 닿는 길은 매우 넓어서, 조금만 마음을 두어도 가슴속이 넓어지고 밝아짐을 느낀다. 그러나 욕망(하고자할 욕, 바랄 망)의 길은 매우 좁아서, 여기에 조금만 발을 들여놓아도 눈앞이 온통 가시덤불이고 진흙탕이 된다.

74.

괴로움과 즐거움을 충분히 서로 겪은 뒤에 얻은 행복(다행 행, 복 복)이라야 오랫동안 지속(가질 지, 이을 속)되고, 의문(의심할 의, 물을 문)과 믿음을 충분(채울 충, 나눌 분)히 서로 겪은 뒤에 얻은 지식(알 지, 알 식)이라야 참된 지식이 된다.

75.

마음을 비워야 정의(바를 정, 옳을 의)와 옳은 이치(다스릴 리/이, 이를 치)가 마음에 와서 가득 찬다. 마음을 꽉 채워야 물욕(물건 물, 욕심 욕)이 들어올 틈이 없어진다.

76.

땅에 이것저것 섞여 있어야 초목(풀 초, 나무 목)과 곡식(곡식 곡, 밥 식)이 잘 자라며, 물이 너무 맑으면 고기가 살지 못한다. 군자(임금 군, 사람 자)는 때 묻고 더러워지는 것을 받아들일 수 있는 도량(법도 도, 헤아릴 량)을 지녀야 하며, 너무 깨끗함만 좋아하고, 홀로 행(행할 행)하려는 지조(뜻 지, 잡을 조)만을 가져서는 안 된다.

77.

수레를 뒤엎는 사나운 말도 길들이면 부릴 수 있고, 다루기 힘든 쇠도 잘 다루면 기물(그릇 기, 물건 물)이 된다. 사람이 일없이 놀기만 하고 노력(힘쓸 노, 힘 력)이 없으면 죽을 때까지 아무것도 이룰 수 없을 것이다. 백사라는 사람이 이르기를 "사람이 되어서 병 많음은 결코 근심(삼가할 근, 살필 심)할 것이 없으나, 일생(한 일, 날 생)토록 마음의 병 없음이 내 근심이다." 했으니 정말로 옳은 말이다.

78.

사람이 만약 사리사욕(개인 사, 이로울 리, 개인 사, 욕심 욕)만 생각한다면 굳센 기질(기운 기, 바탕 질)도 사라져 유약(부드러울 유, 약할 약)하게 되고, 슬기로움도 사라져 우둔(어리석을 우, 둔할 둔)하게 되고, 은애(은혜 은, 사랑 애)의 마음도 변하여 독한 마음이 되고, 깨끗한 심지(마음 심, 뜻 지)도 더럽게 되어 일생을 망치고 만다. 그러므로 성현(성인 성, 어질 현)들은 사욕을 버리는 것을 보배(보배 보, 보배 진)로 삼았다.

79.

귀로 듣고 눈으로 보는 것으로 생기는 욕심(욕심 욕, 마음 심)은 바깥의 도적(도둑 도, 도둑 적)이지만, 정욕(뜻 정, 욕심 욕)과 물욕(물건 물, 욕심 욕)은 내부(안 내, 떼 부)의 도적이다. 그러나 주인(임금 주, 사람 인)이 본심(근본 본, 마음 심)을 맑게 하고 뚜렷하게 하면, 도적이 감히 침범(침노할 침, 범할 범)하지 못한다.

80.

새로운 공(공 공)을 도모(그림 도, 꾀 모)하는 것은 이미 이루어 놓은 업(업 업)을 보전(지킬 보, 온전 전)함만 같지 못하고, 지나간 잘못을 뉘우치는 것은 앞으로 다가올 잘못에 대비(대할 대, 견줄 비)함만 같지 못하다.

81.

기상(기운 기, 모양 상)은 높게 가지되 세상(인간 세, 윗 상)일에 소홀(소통할 소, 갑자기 홀)해서는 안 되며, 심사(마음 심, 생각 사)는 치밀(빽빽할 치, 빽빽할 밀)하되 옹졸(막을 옹, 옹졸할 졸)해서는 안 된다. 취미(뜻 취, 맛 미)는 단박(맑을 단, 머무를 박)하되 지나쳐서는 안 되고, 지조(뜻 지, 잡을 조)를 지킴은 엄정(엄할 엄, 바를 정)하되 융통성(녹을 융, 통할 통, 성품 성)이 없어서는 안 된다.

82.

바람은 죽림(대나무 죽, 수풀 림)을 지나면서 소리를 내어도, 바람이 지나고 나면 적막(고요할 적, 고요할 막)함이 흐른다. 기러기가 차가운 연못을 지나가도, 기러기가 지나고 나면 연못에는 그림자 하나 드리우지 않는다. 군자(임금 군, 사람 자)는 일이 생기면 마음이 나타나나, 일이 지나고 나면 다시 마음을 비운다.

83.

청렴(맑을 청, 청렴할 렴)하되 다른 사람을 포용(쌀 포, 얼굴 용)하고, 어질되 결단력(결단할 결, 끊을 단, 힘 력)이 있고, 총명(귀밝을 총, 밝을 명)하되 지나치게 세심(가늘 세, 마음 심)하지 않으며, 곧되 너무 바름에 치우치지 않는다면, 이는 꿀을 바른 음식(마실 음, 밥 식)이 달지 않고, 해산물(바다 해, 낳을 산, 물건 물)이 짜지 않는 격이니 이것이 곧 덕(덕 덕)이다.

84.

허름한 집도 깨끗이 청소(맑을 청, 쓸 소)하고, 가난(집 가, 어려울 난)한 집 여인(여자 여, 사람 인)이어도 단정(끝 단, 바를 정)하게 머리를 빗으면 용모(얼굴 용, 모양 모)가 비록 화려(빛날 화, 고울 려)하지 못할지라도 저절로 기품(기운 기, 여쭐 품)이 생긴다. 선비가 잠시 곤궁(곤할 곤, 다할 궁)에 빠지고 곤란(곤할 곤, 어려울 란)하다고 하여 어찌 수신(닦을 수, 몸 신)을 게을리할 수 있겠는가.

85.

한가(한가할 한, 틈 가)할 때 시간(때 시, 사이 간)을 헛되게 쓰지 않으면, 바쁠 때 보탬이 되고, 고요할 때 열심(더울 열, 마음 심)을 다하면, 일할 때 보탬이 되며, 어두울 때 남을 속이지 않으면, 밝을 때 보탬이 된다.

86.

사사(사사로울 사, 일 사)로운 욕심(욕심 욕, 마음 심)이 조금이라도 생각이 나거든 도리(길 도, 다스릴 리)의 길을 떠올리고 그곳으로 향하라. 이것은 전화위복(구를 전, 재앙 화, 할 위, 복 복)을 만들며, 죽음을 멀리하고 삶으로 향하게 할 것이니, 결코 가볍게 여기지 말라.

87.

적막(고요할 적, 고요할 막)한 가운데 생각이 맑으면 마음의 본체(근본 본, 몸체)를 볼 수 있고, 한가(한가할 한, 틈 가)로운 가운데 기상(기운 기, 모양 상)이 조용하면 마음의 참된 기틀을 알게 되며, 담백(맑을 담, 흰 백)함 가운데 마음의 뜻이 평화(평평할 평, 화할 화)로우면 마음의 참맛을 맛볼 수 있다. 마음을 보며 도(길 도)를 구하는 데 이 세 가지보다 나은 것은 없다.

88.

정적(고요할 정, 고요할 적) 속의 정적은 참다운 정적이 아니다. 소란(떠들 소, 어지러울 란)함 속의 고요함이야 말로 참다운 고요함이다. 즐거움 속에서 즐거움은 참다운 즐거움이 아니다. 괴로움 속의 즐거움이야말로 참다운 즐거움이다.

89.

일을 이미 시작(비로소 시, 지을 작)하였으면 그 일에 의심(의심할 의, 마음 심)을 품지 말라. 의심을 품는다면 자신(스스로 자, 몸 신)의 결심(결단할 결, 마음 심)에 부끄러움이 생길 것이다. 남에게 은혜(은혜 은, 은혜 혜)를 베풀었거든 그 보답(갚을 보, 대답 답)을 구하지 말라. 그 보답을 구한다면 은혜를 베푼 마음에 부끄러움이 생길 것이다.

90.

하늘이 내게 덕(덕 덕)을 적게 준다면, 나는 덕을 많게 하여 이를 맞을 것이요, 하늘이 내 몸을 번거롭게 한다면, 나는 내 마음을 편하게 할 것이며, 하늘이 내 처지(곳 처, 땅 지)를 곤란(곤할 곤, 어려울 난)하게 한다면, 나는 내 도(길 도)를 깨우칠 것이니, 비록 하늘이어도 나를 어찌하지 못할 것이다.

91.

곧은 선비는 복(복 복)을 구하지 않더라도 하늘이 찾아가 복을 주며, 음험(그늘 음, 험할 험)한 사람은 재앙(재앙 재, 재앙 앙)을 피하려 하더라도 하늘이 찾아가 재앙을 내리니 하늘의 능력(능력 능, 힘 력)이 참으로 신묘(귀신 신, 묘할 묘)하다. 사람의 지혜(슬기 지, 슬기로울 혜)와 기교(재주 기, 공교할 교)가 무슨 의미(뜻 의, 맛 미)가 있으랴.

92.

노래 부르는 기생(기생 기, 날 생)이어도 말년(끝 말, 해 년)에 한 남편(사내 남, 편할 편)만을 섬기면 분(가루 분) 냄새 풍기던 생활(날 생, 살 활)도 부끄러움이 없을 것이요. 정절(곧을 정, 마디 절)을 지키는 여인(여자 여, 사람 인)이라 할지라도 말년에 정조(곧을 정, 잡을 조)를 잃으면 깨끗한 절개(마디 절, 절개 개)가 모두 허사(빌 허, 말씀 사)가 되고 만다. 속담(풍속 속, 말씀 담)에 '사람을 보려거든 그 인생(사람 인, 날 생)의 후반(뒤 후, 나눌 반)을 보라.'고 했으니, 참으로 명언(이름 명, 말씀 언)이다.

93.

비록 평범(평범할 평, 무릇 범)한 사람일지라도 덕(덕 덕)과 은혜(은혜 은, 은혜 혜)를 베풀기를 즐겨 한다면 작위(지을 작, 할 위) 없는 왕(임금 왕)이나 재상(재상 재, 서로 상)과 다름없고, 벼슬을 하는 자도 권세(권력 권, 형세 세)를 탐(탐할 탐)하고 아랫사람에게 보답(갚을 보, 대답 답)을 바란다면 작위 있는 거지가 된다.

94.

조상(할아버지 조, 윗 상)이 남겨 준 은혜(은혜 은, 은혜 혜)가 무엇인가라고 묻는다면 '지금 내가 살아 누리는 모든 것이 그것이다.'라고 하고, 당연히 조상의 그 쌓기에 어려움을 생각해야 한다. '자손(아들 자, 손자 손)에게 물려줄 복(복 복)이 무엇인가.'라고 묻는다면 내가 지금 행(행할 행)하는 모든 것이 그것이니, 그것이 비뚤어지고 잘못되기 쉬움을 늘 염두(생각 염, 머리 두)해야 한다.

95.

군자(임금 군, 사람 자)로서 위선(할 위, 먼저 선)적인 행동(행할 행, 움직일 동)을 한다면 소인(작을 소, 사람 인)이 마음대로 악(악할 악)을 행(행할 행)하는 것과 다름없으며, 군자로서 절개(마디 절, 절개 개)를 지키지 않는 것은 소인이 개과천선(고칠 개, 지날 과, 옮길 천, 착할 선)하는 것에 미치지 못한다.

96.

집안 식구(밥 식, 입 구)가 허물이 있으면 너무 화를 내서도 안 되고, 가볍게 넘어가도 안 된다. 그 일을 말하기 곤란(곤할 곤, 어려울 란)하면 다른 일을 빌어 은근히 깨우치게 하고, 오늘 깨닫지 못하면 내일을 기다려 다시 깨우쳐 주어 마치 춘풍(봄 춘, 바람 풍)이 언 것을 녹이듯이, 따사로운 기운(기운 기, 옮길 운)이 얼음을 녹이듯이 하여야만 비로소 가정(집 가, 뜰 정)의 모범(본뜰 모, 법 범)이 되느니라.

97.

내 마음을 살펴 늘 원만(둥글 원, 찰 만)하게 행동(다닐 행, 움직일 동)한다면 천하(하늘 천, 아래 하)도 저절로 결함(이지러질 결, 빠질 함)이 없는 세계(인간 세, 지경 계)가 될 것이요. 내 마음을 너그럽게 하여 늘 평온(평평할 평, 편 안할 온)하다면 천하도 저절로 험악(험할 험, 악할 악)한 사람이 사라질 것 이다.

98.

고결(높을 고, 깨끗할 결)한 몸가짐을 하는 선비는 화려(빛날 화, 고울 려)한 것을 좋아하는 사람에게 반드시 의심(의심할 의, 마음 심)받게 되고, 엄격 (엄할 엄, 격식 격)한 사람은 방자(놓을 방, 마음대로 자)한 사람의 시기(시기할 시, 꺼릴 기)와 질투(미워할 질, 샘낼 투)를 받는다. 군자(임금 군, 사람 자)는 이 럴 때여도 지조(뜻 지, 잡을 조)를 바꾸어서는 안 되며, 창끝을 너무 세워 도 안 된다.

99.

어려운 일에 처(곳 처)해 있으면 주위(두루 주, 에워쌀 위)가 모두 침(바늘 침)이고 약(약 약)이어서 자신(스스로 자, 몸 신)도 모르게 절조(마디 절, 잡을 조)를 닦고 행실(다닐 행, 열매 실)을 바르게 하는 데 힘을 쓰게 되나, 모든 일이 순조(순할 순, 고를 조)롭게 될 때는 눈앞이 모두 칼과 창이어서 나의 기름을 녹이고 뼈를 깎아도 알아채지 못하느니라.

100.

부귀(부유할 부, 귀할 귀) 속에서 성장(이룰 성, 길 장)한 사람은 욕심(욕망 욕, 마음 심)이 맹렬(사나울 맹, 매울 렬)한 불길과 같고 권력욕(권세 권, 힘 력, 욕심 욕)이 사나운 화염(불 화, 불꽃 염)과 같으니 만약 조금이라도 맑고 서늘한 기미(몇 기, 작을 미)를 띄도록 노력(힘쓸 노, 힘 력)하지 않는다면, 그 불꽃이 설령(베풀 설, 하여금 령) 다른 사람을 태우지 않더라도, 자신(스스로 자, 몸 신)을 태우게 될 것이다.

101.

사람이 진실(참 진, 열매 실)되면 서리를 내리게 하고 성(성곽 성)을 무너뜨리고 쇠와 돌도 뚫는다. 허황(빌 허, 거칠 황)된 사람은 형체(모양 형, 몸 체)를 갖추긴 하였으나 본체(근본 본, 몸 체)는 없어졌으니, 사람을 대하면 얼굴이 흉하게 보이고, 혼자 있으면 형상(모양 형, 코끼리 상)과 그림자도 스스로 부끄럽다.

102.

글공부(장인 공, 지아비 부)를 하여 궁극(다할 궁, 극진할 극)에 이르면 다른 특별(특별할 특, 나눌 별)함이 있는 것이 아니라 그저 알맞을 뿐이며, 인격(사람 인, 격식 격)을 닦아서 궁극에 이르면 다른 기이(기특할 기, 다를 이)함이 있는 것이 아니라 그저 본연(근본 본, 그러할 연)일 뿐이다.

103.

이 세상(인간 세, 윗 상) 모든 것들을 허상(빌 허, 모양 상)으로 본다면 공명(공 공, 이름 명)과 부귀(부유할 부, 귀할 귀)는 물론(말 물, 논할 논)이요, 내 몸도 허 상이며 잠시 빌려온 것일 뿐이다. 이 세상 모든 것들을 실상(열매 실, 형 상 상)으로 본다면 부모(아비 부, 어미 모) 형제(형 형, 아우 제)는 말할 것도 없 고 만물(일만 만, 물건 물)이 모두 나와 일체(한 일, 몸 체)가 된다. 세상이 허 상임을 간파(볼 간, 깨트릴 파)하고 만물이 나와 일체가 됨을 인식(알 인, 알 식)한다면, 천하(하늘 천, 아래 하)를 이끌어 나가는 일도 능(능할 능)히 맡을 수도 있고, 또한 속세(풍속 속, 인간 세)의 얽매임에서 벗어날 수도 있다.

104.

맛있는 음식(마실 음, 밥 식)은 창자를 녹이고 뼈를 썩게 하니 절반(꺾을 절, 반절 반) 정도(한도 정, 법도 도)에서 멈추면 건강(굳셀 건, 편안 강)을 잃을 일이 없고, 마음을 기쁘게 하는 일은 몸을 망치고 덕(덕 덕)을 잃게 하 니 절반 정도에서 멈추면 후회(뒤 후, 뉘우칠 회)가 없으리라.

105.

남들의 작은 허물을 책망(꾸짖을 책, 바랄 망)하지 말며, 남의 개인적(낱 개, 사람 인, 과녁 적)인 비밀을 말하지 말며, 남의 지난 잘못을 마음에 새기지 말라. 이 세 가지를 가슴에 새기면 덕(덕 덕)을 기를 수 있으며, 또한 해(해할 해)를 멀리할 수 있다.

106.

군자(임금 군, 놈 자)는 몸가짐을 가벼이 하지 말아야 한다. 몸가짐이 가벼우면 물질(물건 물, 바탕 질)이 내 마음을 흔들어 여유(남을 여, 넉넉할 유)와 침착(잠길 침, 붙을 착)함이 없게 된다. 또한 군자는 마음가짐을 무겁게 하지 말아야 한다. 마음가짐이 무거우면 자신(스스로 자, 몸 신)이 사물(일 사, 물건 물)에 얽매여 시원스럽고 활발(살 활, 물뿌릴 발)한 기운(기운 기, 옮길 운)이 없게 된다.

107.

천지(하늘 천, 땅 지)는 영원(길 영, 멀 원)하나 사람의 몸은 유한(있을 유, 한정할 한)하고 백년인생(일백 백, 해 년, 사람 인, 날 생)도 순식간(깜짝일 순, 쉴 식, 사이 간)에 지나간다. 다행(많을 다, 다행 행)히 인간(사람 인, 사이 간)으로 태어났으니, 삶을 누리는 즐거움을 몰라서는 안 되며, 또한 헛된 삶을 살아서도 안 되느니라.

108.

원한(원망할 원, 한 한)은 덕(덕 덕)에서부터 유래(말미암을 유, 올 래)된다. 사람들에게 덕을 베풀고 내게 덕이 있다고 여기게 하느니 차라리 덕과 원한을 모두 잊어버리게 하는 것이 낫다. 원망(원망할 원, 바랄 망)은 은혜(은혜 은, 은혜 혜)로부터 생겨난다. 사람들에게 은혜를 베풀고 나의 은혜를 알게 하느니 차라리 은혜와 원망을 모두 잊어버리는 것이 낫다.

109.

늙어서 생기는 병(병 병)은 모두 젊었을 때에 유래(말미암을 유, 올 래)한 것이요. 집안이 쇠퇴(쇠할 쇠, 물러날 퇴)한 뒤에 생기는 재앙(재앙 재, 재앙 앙)은 모두 번성(우거질 번, 성할 성)했을 때에 말미암은 것이다. 그러므로 군자(임금 군, 사람 자)는 부귀(부유할 부, 귀할 귀)가 절정(끊을 절, 정수리 정)에 이르렀을 때 더욱 두려워하여 몸가짐을 삼간다.

110.

관직(벼슬 관, 직분 직)에 있으면서 사사로운 은혜(은혜 은, 은혜 혜)를 베풀기보다는 공명정대(공평할 공, 밝을 명, 바를 정, 클 대)하게 일을 처리하는 게 낫고, 새로운 친구(친할 친, 옛 구)를 사귀는 것보다는 죽마고우(대나무 죽, 말 마, 옛 고, 벗 우)와 정을 두텁게 하는 것이 낫다. 영화(영화 영, 빛날 화)로운 이름을 새기는 것보다 작더라도 공덕(공 공, 클 덕)을 세우는 게 낫고, 뛰어난 재주를 뽐내는 것보다 일상(날 일, 떳떳할 상)의 행실(다닐 행, 열매 실)을 조심(잡을 조, 마음 심)하는 것이 낫다.

111.

공평(공평할 공, 평평할 평)한 정론(바를 정, 논할 론)은 범(어길 범)하지 말아야 한다. 한 번 범하면 영원(길 영, 멀 원)히 부끄러울 것이다. 권세(권력 권, 형세 세) 있는 집안과 사익(개인 사, 더할 익)을 취(가질 취)하는 무리와는 사귀지 말아야 한다. 한 번 발을 붙이면 평생(평평할 평, 날 생)에 오점(더러울 오, 점 점)을 남기게 된다.

112.

뜻을 굽혀서 타인(다른 타, 사람 인)의 환심(기쁠 환, 마음 심)을 사느니 내 행동(다닐 행, 움직일 동)을 바르게 하고 남의 미움을 받는 것이 낫다. 선행(착할 선, 다닐 행)을 하지 않았는데도 남의 칭찬(일컬을 칭, 기릴 찬)을 받느니, 악행(악할 악, 다닐 행)을 하지 않고도 남에게 비난(아닐 비, 어려울 난)받는 것이 낫다.

113.

가족(집 가, 겨레 족)들에게 변고(변할 변, 연고 고)가 생겼을 때는 침착(잠길 침, 붙을 착)해야 하고, 붕우(벗 붕, 벗 우)의 허물을 보게 되거든 주저하지 말고 충고(충성 충, 고할 고)하라.

114.

아무리 작은 일이어도 소홀(소통할 소, 갑자기 홀)히 하지 않고, 남이 보지 않는 곳에서도 속이지 않으며, 일이 실패(잃을 실, 패할 패)했을 경우(경계 경, 만날 우)라도 체념(살필 체, 생각 념)하거나 포기(사나울 포, 버릴 기)하지 않는 사람이야 말로 진정(참 진, 뜻 정)한 영웅(꽃부리 영, 수컷 웅)이다.

115.

천금(일천 천, 쇠 금)을 주고도 환심(기쁠 환, 마음 심)을 사기 어려우나 한 그릇 밥이 죽을 때까지 감격하게 만든다. 대체(클 대, 몸 체)로 사랑이 지나치면 도리어 원수(원망할 원, 원수 수)가 되고, 구박(몰 구, 핍박할 박)을 많이 받으면 도리어 그 안에서 깨닫는 기쁨을 얻게 된다.

116.

뛰어난 재주는 어리석음 뒤에 감추고, 밝음은 어둠 속에 감추고, 맑음은 흐림 속에 깃들게 하라. 고개를 숙여 몸을 펴게 할 수 있다면 이것이야 말로 제일가는 처세(곳 처, 인간 세)요, 삶의 안식처(편안 안, 쉴 식, 곳 처)가 될 것이다.

117.

번성(번성할 번, 성할 성)함이 계속(이을 계, 이을 속)되면 쓸쓸한 모습이 나타나고, 나무는 번성하다가도 결국 시든다. 그러므로 군자는 편안(편할 편, 편할 안)할 때 우환(근심 우, 근심 환)을 생각하여 마음을 가다듬어야 하고, 변고(변할 변, 연고 고)가 있을 때는 참고 견디어 일을 이루도록 해야 한다.

118.

기이(기특할 기, 다를 이)한 것에 경탄(놀랄 경, 탄식할 탄)하고 이상(다를 이, 떳떳할 상)한 것에 기뻐하는 자는 원대(멀 원, 클 대)한 식견(알 식, 볼 견)이 없다. 괴롭게 절개(마디 절, 대개 개)를 지키고 홀로 도(길 도)를 행(행할 행)하는 자는 오래가기 힘들다.

119.

분노(분할 분, 성낼 노)가 불길처럼 솟아나고 욕심(욕심 욕, 마음 심)이 물결처럼 일어날 때, 이것을 알고도 결국에는 범(저지를 범)하고 만다. 아는 사람은 누구이며, 범하는 사람은 누구인가? 결국 같은 사람이다. 이럴 때에 욕심을 물리친다면 나쁜 마음이 사라지고 참다운 마음이 나타난다.

120.

편파(치우칠 편, 상당히 파)적인 믿음으로 간사한 자에게 속지 말며, 자기(스스로 자, 몸 기)를 너무 믿고 객기(손 객, 기운 기)를 부리지 말며, 자기의 장점(길 장, 점 점)을 가지고 남의 단점(짧을 단, 점 점)을 드러내지 말며, 내가 미숙(아닐 미, 익을 숙)하다 하여 남의 유능(있을 유, 능할 능)함을 시기(시기할 시, 꺼릴 기)하지 말라.

121.

타인(다를 타, 사람 인)의 단점(짧을 단, 점점)은 될 수 있으면 감추어 줘야 하니, 만일 그것을 폭로(사나울 폭, 이슬 로)한다면 잘못된 것으로 잘못된 것을 공격(칠 공, 칠 격)하는 셈이다. 타인에게 완고(완고할 완, 굳을 고)함이 있으면 잘 이야기하여 감화(느낄 감, 될 화)시켜야 하나니, 만일 화를 내고 미워한다면 완고함으로 완고함을 공격하는 셈이다.

122.

음흉(그늘 음, 흉할 흉)하여 말 없는 선비를 만나거든 마음을 터놓지 말 것이며, 화내기를 잘하고 잘난 체하는 사람을 만나거든 응대(응할 응, 대할 대)를 하지 말 것이다.

123.

마음이 암울(어두울 암, 답답할 울)하고 어지러울 때는 정신(정할 정, 정신 신)을 바로 잡을 줄 알아야 하며, 마음이 긴장(긴할 긴, 베풀 장)되어 있을 때는 풀어 버릴 줄 알아야 한다. 그렇지 않으면 마음에 든 어두운 병(병 병)을 잠시 고친다 하더라도, 다시 마음이 흔들리는 괴로움이 올까 두려우니라.

124.

청명(맑을 청, 밝을 명)한 날씨나 맑은 하늘도 별안간 천둥번개가 치고, 심한 바람과 장대(장할 장, 클 대) 같은 비도 곧 밝은 달이나 맑은 하늘로 변하니, 천지(하늘 천, 땅 지)의 움직임이 어찌 항상(항상 항, 떳떳할 상) 같겠는가. 털끝만큼 작은 것으로도 이런 변화(변할 변, 될 화)가 생기니, 하늘이 어찌 항상 같겠는가. 사람의 마음도 이와 같으니라.

125.

사사(사사 사, 일 사)로운 정(뜻 정)을 이겨 내고 물욕(물건 물, 욕심 욕)을 견디는 공부(공 공, 아비 부)에 있어, 어떤 사람은 그것이 도리(길 도, 다스릴 리)에 어긋나는 것임을 빨리 인식하지 못하며 억제(누를 억, 절제할 제)하기가 쉽지 않다 하고, 어떤 이는 빨리 인식한다 하더라도 인내(참을 인, 견딜 내)를 통해 극복(이길 극, 회복할 복)하는 강한 의지(뜻 의, 뜻 지)의 힘이 있어야 한다고 이야기한다. 인식은 곧 악한 것을 비추는 한 알의 명주(밝을 명, 구슬 주)요, 의지는 악한 것을 베는 날카로운 검이니 두 가지 모두를 가지고 있어야 한다.

126.

타인(다를 타, 사람 인)의 속임수를 알지라도 말로 나타내지 않고, 타인이 자기를 업신여긴다 해도 안색(낯 안, 빛 색)이 바뀌지 않는다면, 그는 장차 무궁(없을 무, 다할 궁)한 의미(뜻 의, 맛 미)가 있고, 또한 무궁한 쓰임이 있을 것이다.

127.

역경(거스를 역, 지경 경)은 사람을 단련(불릴 단, 불릴 연/불릴 련)하는 한 벌의 화로(불 화, 화로 로)와 망치와 같으니 그 단련을 받으면 몸과 마음이 강해지고, 그 단련을 받지 않으면 몸과 마음이 모두 약해진다.

128.

자신(스스로 자, 몸 신)의 몸은 한 개의 작은 천지(하늘 천, 땅 지)이다. 즐거움과 성냄은 허물됨이 없게 하고, 좋아하고 미워함은 법도(법 법, 법도 도)를 지킨다면, 이는 곧 천지의 이치(다스릴 이, 이를 치)에 순응(순할 순, 응할 응)하는 공부(공 공, 아비 부)이다. 천지는 하나의 큰 부모(아비 부, 어미 모)이다. 백성(일백 백, 성씨 성)의 원망(원망할 원, 바랄 망)이 없고, 사물(일 사, 물건 물)의 근심이 없게 한다면, 이 또한 삶을 돈독(도타울 돈, 도타울 독)하게 하는 방법(모 방, 법 법)이다.

129.

타인(다를 타, 사람 인)을 해(해할 해)하려는 마음을 갖지 말아야 하는 것은 물론(말 물, 논할 론/논할 논)이거니와, 자신(스스로 자, 몸 신)이 잘못되는 것을 막으려는 마음이 없어서도 안 된다 하였으니, 이것은 생각이 짧으면 안 된다는 뜻이다. 차라리 타인에게 속아 넘어갈지언정 타인의 속임수를 미리 짐작(짐작할 짐, 짐작할 작)하지 말라 하였으니, 이는 살핌의 정도(한도 정, 법도 도)가 지나침을 경계(깨우칠 경, 경계할 계)한 것이다. 이두 가지 말을 모두 마음에 간직한다면 생각이 맑아지고 덕행(클 덕, 다닐 행)이 두터워질 것이다.

130.

많은 사람이 의심(의심할 의, 마음 심)한다 하여 자신(스스로 자, 몸 신)의 생각을 버리지 말며, 내 뜻을 맹신(맹인 맹, 믿을 신)하여 남의 말을 버리지 말며, 작은 은혜(은혜 은, 은혜 혜) 때문에 공공(공평할 공, 한가지 공)의 이익(이로울 이, 더할 익)을 손상(덜 손, 다칠 상)시키지 말며, 공론(공평할 공, 논할 론)을 빌어 사적(개인 사, 과녁 적)인 일을 해결(풀 해, 결단할 결)하지 말라.

131.

좋은 사람과 빨리 친해질 수 없다 하더라도 미리 칭찬(일컬을 칭, 기릴 찬)하지 말라. 중간(가운데 중, 사이 간)에 이간(떠날 이/떠날 리, 사이 간)질하는 사람이 있을까 두렵다. 악(나쁠 악)한 사람을 바로 내칠 수 없거든 먼저 발설(필 발, 말씀 설)하지 말라. 재앙(재앙 재, 재앙 앙)을 부를까 두렵다.

132.

푸른 하늘에 있는 태양(클 태, 볕 양)처럼 빛나는 절의(마디 절, 옳을 의)도 어두운 방 가운데에서 생겨난 것이요, 천지(하늘 천, 땅 지)를 진동(떨칠 진, 움직일 동)시키는 뛰어난 능력(능할 능, 힘 력)도 깊은 못의 살얼음 위를 걷는 듯한 조심스러움에서 만든 재주이다.

133.

부모(아비 부, 어미 모)는 자식(아들 자, 쉴 식)을 사랑하고, 자식은 부모에게 효도(효도 효, 길 도)하며, 형(형 형)은 동생(한가지 동, 날 생)과 우애(벗 우, 사랑 애)하고, 아우는 형을 공경한다 할지라도 그것은 모두 마땅히 그래야 할 것이니, 조금이라도 감격(느낄 감, 격할 격)하는 생각을 가져서는 안 된다. 만일 부모가 베풀면서 덕(덕 덕)으로 생각하고, 자식은 이를 은혜(은혜 은, 은혜 혜)로 생각한다면, 이는 곧 장사꾼의 도(길 도)라고밖에 할 수 없다.

134.

아름다움이 있으면 반드시 추(추할 추)함도 같이 있어 서로 대비(대할 대, 견줄 비)가 되니, 내가 아름다움을 자랑하지 않는다면, 나를 추하다고 할 사람도 없다. 깨끗함이 있으면 반드시 더러움도 같이 있어 서로 짝을 이루니, 내가 깨끗함을 자랑하지 않는다면, 나를 더럽다고 할 사람도 없다.

135.

변덕(변할 변, 덕 덕)은 부귀(부유할 부, 귀할 귀)한 자가 가난한 자보다 심하고, 질투(미워할 질, 샘낼 투)하고 시기(시기할 시, 꺼릴 기)함은 일가친척(한 일, 집 가, 친할 친, 친척 척)이 남보다 심하다. 이를 대함에 있어 만약 냉철(찰 냉, 통할 철)하고 평정(평평할 평, 고요할 정)한 기운(기운 기, 옮길 운)으로 대하지 않는다면, 매일(매양 매, 날 일)같이 번뇌(번거로울 번, 번뇌할 뇌)와 근심(삼갈 근, 살필 심) 속에 있게 될 것이다.

136.

공로(공 공, 일할 로)와 허물을 혼동(섞을 혼, 한가지 동)하지 말아야 할 것이니, 혼동하면 사람들이 게을러진다. 은혜(은혜 은, 은혜 혜)와 원한(원망할 원, 한 한)은 크게 밝히지 말아야 할 것이니, 크게 밝히면 사람들이 의심(의심할 의, 마음 심)을 품고 떠나가게 된다.

137.

작위(지을 작, 할 위)는 너무 크지 말아야 하나니, 너무 크면 위태(위태할 위, 거의 태)롭다. 충분히 능(능할 능)한 일이어도 힘을 다 쓰지 말아야 하나니, 다 쓰면 쇠퇴(쇠할 쇠, 물러날 퇴)한다. 행실(다닐 행, 열매 실)은 너무 고상(높을 고, 오히려 상)하지 말아야 하나니, 너무 고상하면 비방(헐뜯을 비, 헐뜯을 방)하는 자가 생겨나고 시련(시험 시, 불릴 련)이 온다.

138.

악(악 악)은 숨어 있기를 싫어하고, 선(착할 선)은 나타나기를 싫어한다. 그러므로 나타난 악은 재앙(재앙 재, 재앙 앙)이 얕고, 숨겨진 악은 재앙이 크며, 나타난 선의 공(공 공)은 작고, 숨겨진 선의 공이 더 크다.

139.

덕(덕 덕)은 재능(재주 재, 능할 능)의 주인(임금 주, 사람 인)이고, 재능은 덕의 종(좇을 종)이니, 재능은 있더라도, 덕이 없다면 집에 주인이 없고 종이 집안일을 결정(결단할 결, 정할 정)하는 격이다. 그렇다면 어찌 도깨비가 설치지 않겠는가?

140.

간악(간음할 간, 악할 악)한 자를 제거(덜 제, 갈 거)하고 요망(요사할 요, 망령될 망)한 무리를 막으려면 그들이 물러날 수 있는 길을 한 개 정도는 터주어야 하나니, 마치 쥐구멍을 막을 때와 같아서 달아날 길을 모두 막아 버리면, 쥐가 귀중한 물건(물건 물, 물건 건)을 모조리 물어뜯어 파괴(깨트릴 파, 무너질 괴)하는 것과 같다.

141.

타인(다를 타, 사람 인)과 허물을 같이할지언정 공(공 공)은 같이하지 말아야 하나니, 공을 같이하면 서로 시기(시기할 시, 꺼릴 기)하게 될 수 있다. 타인과 환난(근심 환, 어려울 난)을 같이할지언정 안락(편안 안, 즐거울 락)은 같이하지 말아야 하나니, 안락을 같이하면 서로 원수(원망할 원, 원수 수)가 될 수 있다.

142.

군자(임금 군, 사람 자)와 선비가 물질적(물건 물, 바탕 질, 과녁 적)으로 가난하여 타인(다를 타, 사람 인)을 구제(구원할 구, 건널 제)하지 못한다 할지라도, 어리석어 방황(헤멜 방, 헤멜 황)하는 사람을 보고 좋은 말로 깨우처 주고, 위급(위태할 위, 급할 급)하거나 어려움에 처해 있는 사람을 보고 좋은 말로 구해 주는 것 또한 아주 큰 공덕(공 공, 덕 덕)이니라.

143.

배고프면 달라붙고 배부르면 떠나가며, 따뜻하면 달려오고 추우면 버리니, 이것은 인지상정(사람 인, 갈 지, 떳떳할 상, 뜻 정)의 **병폐**(아플 병, 폐단 폐)이다.

144.

군자(임금 군, 사람 자)는 냉철(찰 냉, 통할 철)한 눈을 깨끗이 갈고 닦아야 하며, 마음을 굳게 먹어 가볍게 움직이지 말아야 할지니라.

145.

덕(큰 덕)은 도량(법도 도, 헤아릴 량/헤아릴 양)을 통해 길러지고, 도량은 식견(알 식, 볼 견)을 통해 커진다. 그러므로 덕을 두터이 하고자 하는 자는 그 도량을 넓히지 않을 수 없고, 도량을 넓히고자 하는 자는 그 식견을 크게 하지 않을 수 없다.

146.

등불이 반딧불처럼 빛나고 만물(일만 만, 물건 물)이 고요해질 때 우리는 비로소 편안(편할 편, 편안 안)히 잠이 든다. 새벽에 꿈에서 깨어나 만물이 아직 움직이지 않을 때에 우리가 혼돈(섞을 혼, 엉길 돈)에서 빠져나온다. 이때 마음을 모아 자신을 돌이켜 바라보면 비로소 이목구비(귀 이, 눈 목, 입 구, 코 비)는 모두 자신(스스로 자, 몸 신)을 구속(잡을 구, 묶을 속)하는 것들이요, 욕망(욕심 욕, 바랄 망)과 쾌락(즐길 쾌, 즐길 락)은 모두 마음을 해치는 것들이라는 것을 알게 되리라.

147.

스스로를 반성(돌이킬 반, 살필 성)하는 자는 만나는 일마다 모두 약이 되고, 남을 탓하는 자는 생각하는 것마다 스스로를 해치는 창칼이 된다. 전자(앞 전, 사람 자)는 스스로를 반성하여 모든 선(착할 선)의 길을 열고, 후자(뒤 후, 사람 자)는 남을 탓하여 모든 악(악할 악)의 근원(뿌리 근, 근원 원)을 이루니, 이 두 가지의 차이(다를 차, 다를 이)는 하늘과 땅만큼이나 크다.

148.

개인(낱 개, 사람 인)이 이룬 업적(업 업, 길쌈할 적/일 적)과 문장(글월 문, 글 장)은 몸이 죽으면 같이 사라지지만 정신(정할 정, 정신 신)은 만고(일만 만, 옛 고)에 지속(가질 지, 이을 속)되며, 공명(공 공, 이름 명)과 부귀(부유할 부, 귀할 귀)는 세상(인간 세, 윗 상)을 따라 옮겨 가지만 높은 기개(기운 기, 대개 개)와 절조(마디 절, 잡을 조)는 천년(일천 천, 해 년) 동안 지속된다. 군자(임금 군, 사람 자)는 모름지기 이 두 가지를 서로 맞바꾸지 말아야 할 것이다.

149.

어망(고기 잡을 어, 그물 망)을 치면 기러기가 걸리기도 하고, 사마귀가 먹이를 탐하는 곳에 참새가 또 그 뒤를 노리기도 하니, 계략(셀 계, 갈략할 략)을 꾸미는 곳에 또 계략이 있고, 이변(다를 이/다를 리, 변할 변)이 일어나는 곳에 또 이변이 생긴다. 사람의 지혜(슬기 지, 지혜로울 혜)와 재주를 어찌 믿을 수 있겠는가?

150.

사람으로 태어나 한 점 진심(참 진, 마음 심)이 없으면 곧 거지와 같으니 하는 일마다 허망(빌 허, 망령될 망)할 뿐이며, 속세(풍속 속, 인간 세)를 거닐 때 한 점 융통성(녹을 융, 통할 통, 성품 성)이 없다면 목석(나무 목, 돌 석)과 같으니, 가는 곳마다 장애(막을 장, 거리낄 애)가 되리라.

151.

물은 물결이 일지 아니하면 스스로 고요하고, 거울은 흐리지 않으면 스스로 맑다. 고(옛 고)로 마음을 애써 맑게 하려고 노력(힘쓸 노, 힘 력)하지 않아도 흐리게 하는 것만 없애면 저절로 맑아지며, 즐거움도 애써 찾지 않아도 괴로움을 버리면 즐거움은 저절로 생긴다.

152.

한 가지 잘못된 생각으로 하늘의 금계(금할 금, 경계 계)를 범(범할 범)하기도 하며, 사소(적을 사, 적을 소)한 말로 사람들의 마음을 상(다칠 상)하게 하기도 하며, 한 가지 일로 자손(아들 자, 손자 손)이 재앙(재앙 재, 재앙 앙)을 받을 수도 있으니, 사소한 것들이어도 경계(깨우칠 경, 경계할 계)를 늦추지 말아야 한다.

153.

급(급할 급)하게 밝히려 해도 밝혀지지 않았던 일도, 천천히 하면 저절로 밝혀지는 경우가 있으니, 너무 조급(조급할 조, 급할 급)히 처리하여 화(재앙 화)를 부르지 말 것이며, 부리려 해도 따르지 않던 사람도 방임(놓을 방, 맡길 임)하면 따르게 되는 경우(경계 경, 만날 우)가 있으니, 심하게 부리는 바람에 되려 고집(굳을 고, 잡을 집)이 세지게 하지 말라.

154.

절의(마디 절, 옳을 의)가 청운(푸를 청, 구름 운)보다 높고, 글솜씨가 수려(빼어날 수, 고울 려)하다 할지라도, 만약 덕성(클 덕, 성품 성)으로 길러진 것이 아니라면, 일시적(한 일, 때 시, 과녁 적)이며 헛된 것이고, 말단(끝 말, 끝 단)의 재주 정도라 할 것이다.

155.

일을 그만두고 물러나려거든 전성기(온전할 전, 성할 성, 기약할 기) 때가 좋으며, 몸은 남들이 원하지 않는 낮은 곳에 두는 것이 좋다.

156.

덕(덕 덕)을 닦을 때에는 지극히 적은 것도 소홀(소통할 소, 갑자기 홀)히 하지 않아야 하고, 은혜(은혜 은, 은혜 혜)를 베풀 때는 갚지 못하는 사람에게 베풀기를 힘써야 한다.

157.

시중(도시 시, 가운데 중) 잡배(섞일 잡, 무리 배)들과 사귀는 것보다 산중(뫼 산, 가운데 중) 노인(늙을 노, 사람 인)을 사귀는 것이 낫고, 고관대작(높을 고, 벼슬 관, 클 대, 벼슬 작)의 큰 집에 허리를 굽히며 드나드는 것보다 오막살 이집에 찾아가는 것이 낫다. 항간(거리 항, 사이 간)에 떠도는 말을 듣는 것보다 나무꾼과 목동(칠 목, 아이 동)의 노래를 듣는 것이 낫고 요즘 사 람들의 잘못된 행동(다닐 행, 움직일 동)을 이야기하는 것보다 옛날 사람 들의 아름다운 행실(다닐 행, 열매 실)을 이야기하는 것이 낫다.

158.

덕(덕 덕)은 모든 일의 기초(터 기, 주춧돌 초)이다. 기초가 튼튼하지 않고 서야 집이 오래갈 수가 없다.

159.

덕(덕 덕)을 베푸는 것은 후손(뒤 후, 손자 손)의 영화(영화 영, 빛날 화)로움을 지탱(지탱할 지, 버틸 탱)해 주는 뿌리와 같다. 뿌리가 깊게 심어지지 않고 서야 가지와 잎이 무성(무성할 무, 성할 성)할 수는 없다.

160.

옛말에 이르기를 "제 집에 널려 있는 것을 모르고 남의 집 앞에서 거지 노릇을 한다."하였고, 또 "벼락부자(부유할 부, 사람 자)가 된 거지야! 꿈같은 이야기는 그만두어라. 누구 집 부엌인들 불 때면 연기 없으랴."했다. 앞 이야기는 스스로 가진 것에 대한 무지(없을 무, 알 지)를 경계(깨우칠 경, 경계할 계)한 것이요. 뒷 이야기는 스스로 가진 것에 대해 교만(거만할 교, 교만할 만)함을 경계한 것이니, 이는 학문(배울 학, 물을 문)의 토대(흙 토, 대 대)로 삼을 만하다.

161.

도(길 도)는 공중(공평할 공, 무리 중)의 것이니 사람을 이끌어 인도(끌 인, 인도할 도)해야만 할 것이요. 학문(배울 학, 물을 문)은 매일(매양 매, 날 일) 먹는 식사(밥 식, 일 사)이니 마땅히 일마다 경계(깨우칠 경, 경계할 계)하며 배워야 한다.

162.

타인(다를 타, 사람 인)을 믿는 사람은 다른 사람들이 모두 성실(정성 성, 열매 실)한 것은 아님에도 불구(아니 불, 잡을 구)하고 자기가 성실하기 때문이요, 타인을 의심(의심할 의, 마음 심)하는 사람은 다른 사람들이 반드시 속이는 것은 아닌데도, 자기가 속이기 때문이다.

163.

생각이 너그럽고 깊은 사람은 마치 춘풍(봄 춘, 바람 풍)이 만물(일만 만, 물건 물)을 포근하게 기르는 것과 같아서 누구든지 이를 만나면 살고, 생각이 의심(의심할 의, 마음 심) 많고 각박(새길 각, 얇을 박)한 사람은 마치 차가운 삭풍(초하루 삭, 바람 풍)이 만물을 얼게 하는 것과 같아서 누구든지 이를 만나면 죽는다.

164.

선(착할 선)을 행(행할 행)한 후에 이득(이로울 이, 얻을 득)을 얻지 못했다 하더라도 선을 행한 자는 마치 풀 속의 작은 씨앗과 같아서 모르는 사이에 저절로 자라고, 악(악할 악)을 행한 후에 손해(덜 손, 해할 해)를 보지 않았다 하더라도 악을 행한 자는 정원(뜰 정, 동산 원)에 있는 봄눈과 같아서 모르는 사이에 저절로 소멸(사라질 소, 꺼질 멸)된다.

165.

옛 친구를 만나면 의기(뜻 의, 기운 기)를 새롭게 해야 하고, 은밀(숨을 은, 빽빽할 밀)한 일에 처해 있을 때는 의심(의심할 의, 마음 심)을 받지 않도록 뜻을 분명히 할 것이며, 불운(아니 불, 옮길 운)한 사람을 만났을 때는 예우(예도 예, 만날 우)를 다해야 한다.

166.

근면(부지런할 근, 힘쓸 면)이란 도덕(길 도, 덕 덕)과 의리(옳을 의, 다스릴 리)를 부지런히 실행(열매 실, 다닐 행)하는 것임에도, 세상(인간 세, 윗 상) 사람들은 근면의 핑계를 대고 자신의 가난을 면하려 한다. 검약(검소할 검, 맺을 약)이란 재물(재물 재, 물건 물)에 초연(뛰어넘을 초, 그러할 연)함임에도 세상 사람들은 검약의 핑계를 대고 자신(스스로 자, 몸 신)의 인색(아낄 인/린, 아낄 색)함을 꾸민다. 군자(임금 군, 사람 자)의 몸을 갈고닦는 방법(모 방, 법도 법)이 오히려 소인(작을 소, 사람 인)의 사리사욕(개인 사, 이로울 리, 개인 사, 욕심 욕)을 덮는 핑계로 쓰이니 이 얼마나 안타까운 일인가?

167.

즉흥(곧 즉, 일 흥)적으로 시작(비로소 시, 지을 작)한 일은 지속(가질 지, 이을 속)되기 힘드니 꾸준히 앞으로 나아가는 수레바퀴가 되기 힘들다. 즉흥적인 감정(느낄 감, 뜻 정)으로 얻은 깨달음은 곧 흐려지나니 오랫동안 밝게 비추는 촛불이 되기는 힘들다.

168.

타인(다를 타, 사람 인)의 허물은 너그럽게 용서(얼굴 용, 용서할 서)하여도, 나의 허물은 용서해서는 안 되며, 내 곤욕(곤할 곤, 욕될 욕)은 마땅히 참아야 하겠지만, 타인의 곤욕은 보고만 있어서는 안 된다.

169.

세속(인간 세, 풍속 속)을 벗어날 수 있다면 능히 기인(기이할 기, 사람 인)이라 할 수 있으니, 기이한 것들을 숭상(높을 숭, 오히려 상)하는 자는 기인이 되지 못하고 단지(다만 단, 다만 지) 이상한 사람이라 칭해질 뿐이다. 더러움에 물들지 않는 것이 바로 청백(맑을 청, 흰 백)이니, 세속과 인연(인할 인, 인연 연)을 끊어 청백을 구하는 것은 청백이라고 할 수 없고 단지 과격(지날 과, 격할 격)이 된다.

170.

은혜(은혜 은, 은혜 혜)는 처음에는 박(얇을 박)하다가 나중에는 후(두터울 후)하게 해야 하나니, 처음에 후하다가 나중에 박하면 사람들은 은혜를 잊는다. 위엄(위엄 위, 엄할 엄)은 처음에는 엄격(엄할 엄, 격식 격)하게 하고 나중에는 너그럽게 해야 하나니, 처음에는 너그럽다가 나중에는 엄격하면 사람들은 혹독(심할 혹, 독 독)하다 원망(원망할 원, 바랄 망)한다.

171.

마음을 비우면 본질(근본 본, 바탕 질)을 볼 수 있으니, 마음을 비우지 않고 본질을 보고자 한다면, 이는 물결을 일으키며 물에 비친 달을 찾고자 하는 것과 같다. 뜻이 깨끗하면 마음이 밝아지나니, 뜻을 깨끗하게 하지 않고서 마음이 밝기를 원한다면, 거울에 먼지를 쌓아 두고 물건(물건 물, 물건 건)을 비추어 보는 것과 같다.

172.

내가 귀(귀할 귀)하게 되어 사람들이 나를 받드는 것은 높은 관(벼슬 관)과 큰 띠를 받드는 것이며, 내 몸이 천(천할 천)하게 되어 남이 나를 업신여기는 것은 베옷과 짚신을 업신여기는 것이다. 본디 나를 받듦이 아니니 내 어찌 기뻐하며, 본디 나를 업신여김이 아니니 내가 어찌 화를 낼 것인가.

173.

쥐를 위해 밥을 남겨 두고 나방을 위해 불을 켜지 않는다는 옛사람들의 생각이야 말로 사람이 성장(이룰 성, 길 장)할 수 있는 기틀이니라. 이렇지 않는다면, 어찌 토목(흙 토, 나무 목)과 다를 바가 있겠는가?

174.

사람의 마음은 곧 하늘과 같은지라 기쁨은 빛나는 별과 아름다운 구름과 같고, 화남은 진동(떨칠 진, 움직일 동)하는 천둥이나 폭우(사나울 폭, 비 우)와 같고, 자비로움은 화창한 바람이며 맑은 이슬이고, 엄숙(엄할 엄, 엄숙할 숙)함은 따사로운 햇빛이나 가을 서리와 같으니 어느 하나 없을 수가 없다. 다만 생길 자리에 생기고, 없어질 자리에서는 없어져야 하나니, 이럴 수만 있다면 하늘과 한 몸이 될 수 있다.

175.

일이 없을 시(때 시)에는 마음이 어두워지기 쉬우니, 마음을 고요히 하여 밝은 지혜(슬기 지, 슬기로울 혜)로 비출 것이며, 일이 있을 시(때 시)에는 마음이 흩어지기 쉬우니, 밝은 지혜로 일깨워 고요함을 찾아야 하느니라.

176.

일을 꾸미는 이는 몸을 일 밖에 두어서 이해(이로울 이/이로울 리, 해할 해)와 득실(얻을 득, 잃을 실)을 잘 살펴야 하고, 일을 맡은 자는 몸을 일 안에 두어서 이해와 득실을 잊어야 한다.

177.

선비가 요직(요긴할 요, 직분 직)에 앉게 되면, 몸가짐을 엄정(엄할 엄, 바를 정)하게 해야 하고, 마음은 공평(공평할 공, 평평할 평)하게 해야 하나니, 조금이라도 나쁜 무리와 교류(사귈 교, 흐를 류)하지 말아야 한다. 또한 너무 과격(지날 과, 격할 격)하게 소인(작을 소, 사람 인)들의 독침을 건드리지도 말아야 한다.

178.

절개(마디 절, 대개 개)를 기치(깃발 기, 깃발 치)로 삼는 자는 절개로 인해 비난(아닐 비, 어려울 난)을 받고, 학문(배울 학, 물을 문)을 표방(표할 표, 방붙일 방)하는 자는 학문으로 인해 비난을 받게 된다. 그러므로 군자(임금 군, 사람 자)는 나쁜 일을 가까이하지 않을뿐더러 좋은 일도 내세우지 아니하니 다만 원만(둥글 원, 찰 만)한 마음으로 몸을 보존(지킬 보, 있을 존)하는 것을 보배로 삼는다.

179.

사기를 치려는 사람을 만나거든 진심(참 진, 마음 심)으로 감동(느낄 감, 움직일 동)시키고, 난폭(어지러울 난, 사나울 폭)한 사람을 만나거든 부드러움으로 감동시키고, 사리사욕(개인 사, 이로울 리, 개인 사, 욕심 욕)을 꾀하는 자를 만나거든 대의명분(큰 대, 뜻 의, 이름 명, 나눌 분)과 절개(마디 절, 대개 개)로 감동시키도록 하라. 그리하면 세상(인간 세, 윗 상) 모든 사람의 인격(사람 인, 격식 격)을 도야(질그릇 도, 풀무 야)할 수 있을 것이다.

180.

자애(사랑 자, 사랑 애)로운 마음이 아무리 작다 한들 온 세상(인간 세, 윗 상)을 훈훈(양초 훈)하게 할 것이요, 결백(깨끗할 결, 흰 백)한 마음이 아무리 작다 한들 향기(향기 향, 기운 기)로운 이름이 되어 백세(일백 백, 인간 세)에 빛날 것이다.

181.

음모(그늘 음, 꾀 모), **괴벽**(괴이할 괴, 버릇 벽), **기행**(기이할 기, 다닐 행) 등은 살아가는 데 있어서 화(재앙 화)의 근원(뿌리 근, 근원 원)이 된다. 무릇 평범(평평할 평, 무릇 범)한 덕행(클 덕, 다닐 행)만이 혼돈(섞을 혼, 엉길 돈)을 온전(편안할 온, 완전 전)히 하고 평화(평평할 평, 화할 화)를 부르느니라.

182.

옛사람이 이르기를 "등산(오를 등, 메 산)할 때는 비탈길을 견디고, 눈길에는 위태(위태할 위, 거의 태)로운 다리를 견디라." 하였나니, 인내(참을 인, 견딜 내)에는 큰 의미(뜻 의, 맛 미)가 있다. 위험(위태할 위, 험할 험)하고 험난(험할 험, 어려울 난)한 세상(인간 세, 윗 상)에 '인내'라는 단어(홑 단, 말씀 어)를 가슴에 새긴다면, 가시덤불과 구덩이에 빠질 일이 없을 것이다.

183.

업적(업 업, 길쌈할 적)을 뽐내고, 학문(배울 학, 물을 문)을 자랑하는 것은 그들이 겉으로 드러난 것들에 기대는 사람이기 때문에 스스로 당당(집 당, 집 당)하지 못하다. 본심(근본 본, 마음 심)이 맑고, 흐트러지지 않는 사람은 비록 업적이 적고 학문이 적다 해도 스스로 당당한 사람이 될 수 있다.

184.

바쁜 와중(소용돌이 와, 가운데 중)에 한가(한가할 한, 틈 가)로움을 얻으려거든 우선 한가로울 때 자루에 저축(쌓을 저, 모을 축)해 두어라. 시끄러움 속에서 고요함을 얻으려거든 먼저 고요한 곳에서 자신(스스로 자, 몸 신)의 몸을 세우라. 그렇게 하지 않으면 주변(두루 주, 가장자리 변)에 의해 움직이고, 다른 것들로 인해 흔들리게 된다.

185.

마음을 우매(어리석을 우, 어두울 매)하게 갖지 말며, 남의 인정(사람 인, 뜻 정)을 무시(없을 무, 볼 시)하지 말며, 재물(재물 재, 물건 물)을 헛되이 탕진(방탕할 탕, 다할 진)하지 말라. 이 세 가지는 천지(하늘 천, 땅 지)를 위해서 마음을 세우고, 백성(일백 백, 성씨 성)을 위하여 목숨을 세우며, 자손(아들 자, 손자 손)을 위하여 복(복 복)을 만드는 길이다.

186.

관직(벼슬 관, 직분 직)에 나가서는 명심(새길 명, 마음 심)해야 할 것이 두 가지가 있으니, 공평(공평할 공, 평평할 평)하게 일을 처리(곳 처, 다스릴 리)하면 저절로 밝은 지혜(슬기 지, 슬기로울 혜)가 생기고, 청렴(맑을 청, 청렴할 렴/염)하면 저절로 위엄(위엄 위, 엄할 엄)이 생긴다. 집안에 있을 때에도 명심해야 할 것이 두 가지가 있으니, 너그러우면 불평(아니 불, 평평할 평)이 없고, 검소(검소할 검, 본디 소)하면 재물이 넉넉하다.

187.

부귀(부유할 부, 귀할 귀)해졌을 때는 빈천(가난 할 빈, 천할 천)했을 때의 고통(쓸 고, 아플 통)을 기억(기록할 기, 생각할 억)해야 하고, 젊었을 때는 늙었을 때의 힘든 삶을 미리 염두(생각 염/렴, 머리 두)에 두어야 한다.

188.

몸가짐을 너무 홀로 교결(달 밝을 교, 깨끗할 결)하지 말아야 하나니, 더러운 것들까지 모두 받아들여야 한다. 다른 사람과 교제(사귈 교, 즈음 제)할 때는 너무 분명(나눌 분, 밝을 명)하게 하지 말아야 하나니, 착한 사람, 악한 사람, 현명(어질 현, 밝을 명)한 사람, 우둔(어리석을 우, 둔할 둔)한 사람 모두를 포용(쌀 포, 얼굴 용)해야 한다.

189.

소인(작을 소, 사람 인)을 상대(서로 상, 대할 대)로 원수(원망할 원, 원수 수)를 지지 말라. 소인은 그에 걸맞은 상대가 따로 있다. 군자(임금 군, 사람 자)를 향해 아첨(언덕 아, 아첨할 첨)하지 말라. 군자는 본래 사사(개인 사, 일 사)로운 은혜(은혜 은, 은혜 혜)를 베풀지 않는다.

190.

욕심(욕심 욕, 마음 심)에 방종(놓을 방, 세로 종)하는 병(병 병)은 고칠 수 있으나, 자기 생각에 집착(잡을 집, 붙을 착)하는 병은 고치기 어렵고, 물리(물건 물, 다스릴 리)적인 장애물(막을 장, 거리낄 애, 물건 물)은 없앨 수 있으나, 뜻과 이치(다스릴 이, 이를 치)로 인한 장애물은 없앨 수 없다.

191.

몸을 수양(닦을 수, 기를 양)하는 것은 백 번씩 쇠를 담금질하는 것과 같이할지니, 급(급할 급)하게 이루어지는 것은 진짜 수양이 아니다. 일을 할 때는 지극히 큰 활을 쓸 때와 같이할지니, 가볍게 행(행할 행)하면 실패(잃을 실, 패할 패)하기 쉽다.

192.

차라리 소인(작을 소, 사람 인)에게 꺼리고 비방(헐뜯을 비, 헐뜯을 방)받는 사람이 될지언정 아첨(언덕 아, 아첨할 첨)받기 좋아하는 이가 되지 말며, 차라리 군자(임금 군, 사람 자)가 꾸짖어 나를 바르게 하도록 할지언정, 군자가 관대(너그러울 관, 클 대)하게 포용(쌀 포, 얼굴 용)할 수밖에 없는 사람이 되지 말라.

193.

이익(이로울 이, 더할 익)을 좋아하는 자는 도리(길 도, 다스릴 리)의 밖에 벗어나 있어서 그 해(해할 해)가 얕지만, 이름나기를 좋아하는 자는 도리의 안에 숨어 있어서 그 해가 보이지 않을 정도로 깊다.

194.

은혜(은혜 은, 은혜 혜)는 깊어도 갚지 않고, 원한(원망할 원, 한 한)은 얕아도 갚는 사람이 있다. 남의 악(악할 악)함을 들었을 때 별로 개의치 않다가도, 남의 선(착할 선)함을 들었을 때는 의심(의심할 의, 마음 심)의 눈초리를 보내는 사람도 있다. 이는 각박(새길 각, 엷을 박)함이 극히 심한 것이다. 꼭 경계(깨우칠 경, 경계할 계)해야 할 일이다.

195.

남을 참소(참소할 참, 호소할 소)하고 비방(헐뜯을 비, 헐뜯을 방)하는 사람이란 마치 햇빛을 살짝 가린 작은 조각구름과 같아서 머지않아 사라지니, 쉽게 깨달을 수 있다. 하지만 아양을 떨고 아첨(언덕 아, 아첨할 첨)하는 사람은 틈새로 들어오는 바람이 살결에 천천히 파고드는 것과 같아서 그 해로움을 쉽게 깨닫지 못한다.

196.

산이 높으면 나무가 없으나, 계곡(시내 계, 골 곡)에는 초목(풀 초, 나무 목)이 무성(무성할 무, 성할 성)하다. 물살이 급한 곳에는 고기가 없으나, 연못에는 고기가 저절로 모여든다. 이는 군자(임금 군, 사람 자)가 지나치게 고상(높을 고, 오히려 상)한 행동(다닐 행, 움직일 동)과 급(급할 급)한 마음을 경계(깨우칠 경, 경계할 계)해야 하는 이유(다스릴 이/리, 말미암을 유)이다.

197.

공(공 공)을 이루고 사업(일 사, 업 업)을 세우는 사람은 대체로 성격(성품 성, 격식 격)이 겸허(겸손할 겸, 빌 허)하고 원만(둥글 원, 찰 만)한 사람이 많으며, 일을 그르치고, 기회(틀 기, 모일 회)를 잃어버리는 사람은 대부분(클 대, 때 부, 나눌 분) 고집(굳을 고, 잡을 집)이 세다.

198.

살아가는 데 있어서 속세(풍속 속, 인간 세)에 너무 휩쓸려도 안 되고, 속세와 너무 동떨어져서도 안 된다. 일을 함에 있어서는 남을 너무 싫어하게 해서도 안 되고, 남을 너무 좋아하게 해서도 안 된다.

199.

하루해가 저물어 가는데 오히려 노을은 아름답고, 한 해가 저물어 가는데도 오히려 귤은 향기(향기 향, 기운 기)를 풍긴다. 이런 연유(인연 연, 말미암을 유)로 인생(사람 인, 날 생)의 말년(끝 말, 해 년)에 군자(임금 군, 사람 자)는 다시 정신(정할 정, 귀신 신)을 가다듬어야 할 것이다.

200.

매는 마치 조는 것같이 서 있고, 호랑이는 마치 병든 것같이 걸으니, 이는 먹이를 잡기 위해 가장(거짓 가, 꾸밀 장)한 것이다. 그러므로 군자(임금 군, 사람 자)는 총명(귀밝을 총, 밝을 명)을 드러내지 말고 재능(재주 재, 능할 능)도 숨겨야 하나니, 그렇게 해서 큰 임무(맡길 임, 힘쓸 무)를 할 수 있는 역량(힘 력, 헤아릴 양/량)을 갖추게 되는 것이다.

201.

검소(검소할 겸, 본디 소)함은 미덕(아름다울 미, 클 덕)이나 지나치면 인색(아낄 인, 아낄 색)함이 되고, 겸양(겸손할 겸, 사양할 양)은 아름다운 행동(다닐 행, 움직일 동)이나 지나치면 비굴(낮을 비, 굽힐 굴)해지니, 이런 것들은 보통 자기(스스로 자, 몸 기)에게 이롭게 하려는 뜻에서 나온다.

202.

일이 뜻한 바대로 되지 않는다고 하여 근심(삼갈 근, 살필 심)하지 말며, 마음에 흡족하다 하여 기뻐하지 말며, 오래 편안(편할 편, 편안 안)하다 하여 믿지 말며, 처음이 어렵다고 피하지 말라.

203.

술 마시고 잔치하며 즐거움이 많으면 좋은 집은 아니며, 명성(이름 명, 소리 성)이 나기를 좋아하면 훌륭한 선비가 아니며, 높은 지위(땅 지, 자리 위)를 소중(바 소, 무거울 중)히 생각하면 좋은 신하(신하 신, 아래 하)가 아니다.

204.

세상(인간 세, 윗 상) 사람들은 마음이 끌리는 것으로 즐거움을 삼다가 그 때문에 오히려 불행(아니 불, 행복할 행)에 빠지게 되고, 군자(임금 군, 아들 자)는 힘든 것을 즐거움으로 삼다가 그 때문에 오히려 행복(다행 행, 복 복)해진다.

205.

가득 찬 곳에 처(곳 처)한 자는 마치 물이 넘치려 하다가 아직 넘치지 않음과 같으니, 한 방울의 물도 다시 더함을 극히 꺼리며, 위급(위태할 위, 급할 급)한 곳에 처한 자는 마치 나무가 부러지려 하면서도 아직 부러지지 않음과 같으니, 조금이라도 더 건드리는 것을 극히 꺼린다.

206.

냉철(찰 냉/랭, 통할 철)한 눈으로 타인(다를 타, 사람 인)을 관찰(볼 관, 살필 찰)하고, 냉철한 귀로 타인의 이야기를 들으며, 냉철한 감정(느낄 감, 뜻 정)으로 일을 행(행할 행)하고, 냉철한 마음으로 도리(길 도, 다스릴 리)를 행하라.

207.

사람이 어질면 마음이 너그러우니 복(복 복)을 많이 받고 좋은 일이 계속(이을 계, 이을 속)되어 하는 일마다 여유(남을 여, 넉넉할 유)롭다. 마음 씀씀이가 좁은 사람은 급(급할 급)하기 때문에 복(복 복)이 적고, 자손(아들 자, 손자 손)이 받는 은택(은혜 은, 못 택)도 적으니, 하는 일마다 옹색(막을 옹, 막을 색)하다.

208.

남의 죄악(허물 죄, 악할 악)을 들을지라도 곧바로 미워하지 말라. 고자질하는 사람의 분풀이일까 두렵다. 남의 선(선할 선)함을 들을지라도 곧바로 친해지지 말라. 간사(간사할 간, 간사할 사)한 자의 출세(날 출, 인간 세)를 도울까 두렵다.

209.

성격(성품 성, 격식 격)이 조급(조급할 조, 급할 급)하고 마음이 조잡(거칠 조, 섞일 잡)한 자는 한 가지 일도 이루기 힘들고, 마음이 온화(따뜻할 온, 화할 화)하고 성격이 평온(평평할 평, 평안할 온)한 자는 백 가지 복이 절로 찾아온다.

210.

사람을 쓸 때는 너무 각박(새길 각, 엷을 박)하게 대하지 말아야 하나니, 각박하게 대하면 힘써 일하려는 자도 떠나간다. 벗을 사귈 때는 함부로 사귀지 말아야 하나니, 함부로 사귀면 아첨(언덕 아, 아첨할 첨)하는 자가 찾아온다.

211.

바람이 비껴 불고 빗발이 심한 곳에서는 다리를 굳게 세워야 하고, 꽃이 만발(찰 만, 필 발)하고 버드나무가 아름다운 곳에서는 눈을 높은 곳에 두어야 하며, 길이 위태(위태할 위, 거의 태)롭고 험한 곳에서는 머리를 지혜(지혜 지, 지혜 혜)롭게 써야 한다.

212.

절개(마디 절, 대개 개)와 의리(옳을 의, 다스릴 리)가 있는 사람은 온화(따뜻할 온, 화할 화)한 마음을 가져야 남과 분쟁(어지러울 분, 다툴 쟁)하는 일이 없을 것이고, 공명심(공 공, 이름 명, 마음 심)이 강한 사람은 겸양(겸손할 겸, 사양할 양)의 덕(덕 덕)을 가져야 남이 질투(미워할 질, 샘낼 투)하는 일이 없을 것이다.

213.

사대부(선비 사, 클 대, 지아비 부)가 관직(벼슬 관, 직분 직)에 있을 때는 한 장의 편지(편할 편, 종이 지)라도 절도(마디 절, 법도 도)있게 하여 사람들로 하여금 만나기 어렵게 해서 그들이 요행(요행 요, 요행 행)을 얻는 일을 막아야 한다. 고향(연고 고, 시골 향)에서는 자세(모양 자, 형세 세)를 낮추어 사람들로 하여금 만나기 쉽게 하여 옛정을 두텁게 하여야 한다.

214.

대인(클 대, 사람 인)을 두려워하지 않으면 안 되나니, 대인을 두려워하면 방종(놓을 방, 세로 종)한 마음이 사라진다. 백성(일백 백, 성씨 성)도 두려워하지 않으면 안 되나니, 백성을 두려워하면 횡포(가로 횡, 사나울 포)하다는 평판(평할 평, 판단할 판)을 듣지는 않을 것이다.

215.

일이 뜻대로 되지 않을 때 나보다 힘든 사람을 생각하면 하늘을 원망(원망할 원, 바랄 망)하고 사람을 탓하는 마음이 절로 사라진다. 마음이 게을러질 때 나보다 나은 사람을 생각하면 분발(떨칠 분, 일어날 발)하려는 생각이 절로 생긴다.

216.

기쁘다 하여 일을 쉽게 승낙(이을 승, 허락할 낙)하지 말며, 술에 취했다 하여 화를 내지 말라. 기분(기운 기, 나눌 분)이 좋다 하여 일을 많이 벌리지 말며, 피곤(피곤할 피, 곤할 곤)하다 하여 끝을 소홀(소통할 소, 갑자기 홀)하게 하지 말라.

217.

독서(읽을 독, 글 서)를 잘하는 사람은 책을 읽으면서 손이 춤추고 발이 저절로 움직이는 경지(경계 경, 땅 지)에까지 이르러야 한다. 그래야 비로소 형식(모양 형, 법 식)에 구애(잡을 구, 거리낄 애)를 받지 않게 된다. 사물(일 사, 물건 물)을 잘 관찰(볼 관, 살필 찰)하는 사람은 마음과 정신(정할 정, 귀신 신)이 물건(물건 물, 물건 건)과 하나가 될 때까지 이르러야 한다. 그래야 비로소 외형(바깥 외, 모양 형)에 구애를 받지 아니한다.

218.

하늘은 한 사람을 현명(어질 현, 밝을 명)하게 하여 여러 사람의 어리석음을 깨우치게 했건만, 사람은 도리어 제 잘난 것을 뽐내어 남의 우둔(어리석을 우, 둔할 둔)함을 들추어내려 한다. 하늘은 한 사람을 부유(부유할 부, 넉넉할 유)하게 하여 여러 사람의 가난을 구제(구원할 구, 건널 제)하려 했건만, 사람은 도리어 제 가진 것을 믿고 남의 가난함을 업신여기니, 진실(참 진, 열매 실)로 천벌(하늘 천, 칠 벌)을 받을 사람이로다.

219.

지인(이를 지, 사람 인)이란 고민(쓸 고, 답답할 민)할 것이 없고, 걱정할 것이 없는 사람이다. 우인(어리석을 우, 사람 인)이란 아는 바가 없고, 생각도 없다. 하지만 그렇기 때문에 서로 학문(배울 학, 물을 문)을 논(논할 논)하고 공(공적 공)을 이룰 수 있다. 허나 어중간(어조사 어, 가운데 중, 사이 간)한 사람은 나름대로의 생각과 지식(알 지, 알 식)이 있기 때문에 억측(가슴 억, 헤아릴 측)과 시기(시기할 시, 꺼릴 기)가 있어 일을 같이하기 어렵다.

220.

입은 마음의 문이니, 입을 엄밀(엄할 엄, 빽빽할 밀)히 지키지 못하면 마음의 틀이 모두 사라진다. 뜻은 마음의 말이니, 뜻을 엄격(엄할 엄, 격식 격)히 지키지 못하면 마음이 옳지 못한 길로 내닫는다.

221.

남을 꾸짖을 때는 허물 있는 속에서 허물없음을 살피면 마음이 평온
(평평할 평, 편안할 온)할 것이요. 스스로를 꾸짖을 때는 허물없는 속에서
허물 있음을 구하면 덕(덕 덕)이 저절로 자라날 것이다.

222.

어린이는 어른의 싹이요. 수재(빼어날 수, 재주 재)는 사대부(선비 사, 클 대,
지아비 부)의 싹이다. 만약 공부(장인 공, 지아비 부)가 모자라 단련(불릴 단, 불
릴 련)이 충분치 못하면 후일 세상(인간 세, 윗 상)에 나가 훌륭한 그릇을
이루기가 어렵다.

223.

군자(임금 군, 사람 자)는 환난(근심 환, 어려울 난)에 처했을 때 근심(삼가할 근, 살필 심)하지 않고, 오히려 즐거울 때 두려워하고 근심한다. 또한 군자는 권세(권력 권, 형세 세) 있는 자를 만났을 때는 두려워하지 않고, 의지(의지할 의, 지탱할지)할 데 없는 사람을 만나면 측은(슬퍼할 측, 숨을 은)해한다.

224.

복숭아꽃과 배꽃이 비록 이쁘나 어찌 소나무와 측백(곁 측, 측백 백)나무의 곧고 굳음만 같겠는가. 배와 살구가 비록 달다 하나 등자와 귤의 맑은 향기(향기 향, 기운 기)만 같겠는가. 너무 고와서 빨리 지는 것은 담박(맑을 담, 머무를 박)한 것이 오래가는 것만 못 하고, 젊어서 성공하는 것은 대기만성(클 대, 그릇 기, 늦을 만, 이룰 성)만 못 한 것이다.

바람이 잔잔하고 물결이 고요한 가운데 인생(사람 인, 날 생)의 참 경지
(경계 경, 땅 지)를 볼 수 있고, 맛이 담박(맑을 담, 머무를 박)하고 소리가 드
문 곳에서 마음의 본연(근본 본, 그러할 연)을 안다.